EinFach Religion

Interpretationen
Unterrichtsmodell

Gott, Leid und Selbstfindung

Erarbeitet von
Günter Nagel

Herausgegeben von
Volker Garske
Hermann-Josef Vogt

11. – 13. Schuljahr

Bildnachweis

|akg-images GmbH, Berlin: 43, 44, 82; Held, Andre 81; Quagga Media UG 87. |Ärzte ohne Grenzen e.V. / Médecins Sans Frontières, Berlin: Arévalo, Paco 99. |AS Verlag & Buchkonzept AG, Zürich: 40.000 Meisterwerke, AS-Versand, Directmedia Publishing 113. |coop99 filmproduktion GmbH, Wien: Lourdes/Regie: Jessica Hausner/coop99 filmproduktion 67. |Drescher, Heinrich, Münster: 30. |fotolia.com, New York: Bartussek, Ingo 84; Berg, Martina 109; Ibrakovic, Jasminko 63; Sturm, Jenny 9; udra11 63. |Gütersloher Verlagshaus I Verlagsgruppe Random House GmbH, Gütersloh: Fritz Roth (Hrsg.), Einmal Jenseits und zurück © 2006, Gütersloher Verlagshaus, Gütersloh, in der Verlagsgruppe Random House GmbH 77. |Paramount Home Entertainment (Germany) GmbH, Unterföhring: TM, ® & © 2015 Paramount Pictures. All Rights Reserved. 29. |Picture-Alliance GmbH, Frankfurt/M.: dpa/DB Buskampagne.de 53; dpa/dpa-Film Polygram 87; Mary Evans Picture Library 29; Simon, Sven / Lauter, Bernd 84; ZB/Endig, Peter 27. |Rowohlt Verlag GmbH, Hamburg: Esther Maria Magnis: Gott braucht dich nicht: eine Bekehrung. Reinbek bei Hamburg: Rowohlt-Taschenbuch-Verlag, 2014 31; © Paul Badde 31. |S. Fischer Verlag GmbH, Frankfurt/Main: © Robert Gernhardt 1997. Alle Rechte vorbehalten S.Fischer Verlag GmbH, Frankfurt am Main 49. |Tomaschoff, Jan, Düsseldorf: 95. |Verlag Haus Altenberg GmbH, Düsseldorf: 101, 101, 102. |von Papen, Manfred, München: 40. |© The Trustees of the British Museum, London: 80.

westermann GRUPPE

© 2015 Bildungshaus Schulbuchverlage Westermann Schroedel Diesterweg Schöningh Winklers GmbH, Georg-Westermann-Allee 66, 38104 Braunschweig
www.westermann.de

Das Werk und seine Teile sind urheberrechtlich geschützt. Jede Nutzung in anderen als den gesetzlich zugelassenen bzw. vertraglich zugestandenen Fällen bedarf der vorherigen schriftlichen Einwilligung des Verlages. Nähere Informationen zur vertraglich gestatteten Anzahl von Kopien finden Sie auf www.schulbuchkopie.de.

Für Verweise (Links) auf Internet-Adressen gilt folgender Haftungshinweis: Trotz sorgfältiger inhaltlicher Kontrolle wird die Haftung für die Inhalte der externen Seiten ausgeschlossen. Für den Inhalt dieser externen Seiten sind ausschließlich deren Betreiber verantwortlich. Sollten Sie daher auf kostenpflichtige, illegale oder anstößige Inhalte treffen, so bedauern wir dies ausdrücklich und bitten Sie, uns umgehend per E-Mail davon in Kenntnis zu setzen, damit beim Nachdruck der Verweis gelöscht wird.

Druck A^2 / Jahr 2021
Alle Drucke der Serie A sind im Unterricht parallel verwendbar.

Umschlaggestaltung: Jennifer Kirchhof
Druck und Bindung: Westermann Druck GmbH, Georg-Westermann-Allee 66, 38104 Braunschweig

ISBN 978-3-14-**053612**-7

Gott, Leid und Selbstfindung

Baustein 7 Versöhnung mit Gott
Vom Sinn des Leidens
S. 104–113

Baustein 6 Nihilismus – die große Alternative?
Sinnsuche und Absurditätsverdacht
S. 90–103

Baustein 5 Was kommt nach dem Tod?
Trauerverarbeitung und Jenseitshoffnung
S. 69–89

Baustein 4 Hilft Beten gegen Krebs?
Wunderglaube und Hoffnung auf Rettung
S. 54–68

Baustein 3 „Zigeuner am Rande des Universums"?
Auseinandersetzung mit dem Materialismus
S. 45–53

Baustein 2 Gottesoffenbarung am Meer
Transzendenzerfahrungen im Diesseits
S. 33–44

Baustein 1 Gibt es einen roten Faden in meinem Leben?
Der Mensch auf der Suche nach Identität
S. 22–32

Interpretationen
S. 10–21

Inhaltsverzeichnis

Interpretationen: Gott, Leid und Selbstfindung 10

Themen

1 Die Wahrnehmung von Leid und die Frage nach dem Sinn. Didaktische Vorüberlegungen 10

2 Gott, Leid und Selbstfindung im Religionsunterricht der Oberstufe 12

2.1 Verlust der personalen Dimension durch Wissenschaftssprache 12
2.2 Anliegen und Ziel des Buches 12

3 „Gott braucht dich nicht!" – ein Buch gegen die religiöse Erschöpfung 13

3.1 Eine moderne Bekehrungsgeschichte 13
3.2 Anregendes Bekenntnis und konservative existenzialistische Volte 15
3.3 Biografisches Lernen 17
3.4 Theologischer Grundzug dieses Buches 17

4 Zur unterrichtlichen Arbeit mit dem Buch 19

4.1 Problemorientierter Religionsunterricht 19
4.2 Der Baustein als Abbild des Lernprozesses 20
4.3 Zwischen Ganzschrift und Textfragment 21

Baustein 1: Gibt es einen roten Faden in meinem Leben? 22

Themen

- Identität als Problem
- Autobiografie als narrative Selbstvergewisserung
- Religiöse Begründung von Identität

Medien

Arbeitsblatt 1: Foto und Text: Wer ist Erika Mustermann? 27
Arbeitsblatt 2: Wer bin ich? 28
Arbeitsblatt 3: Text: Identitäts- und Persönlichkeitskonzepte im Vergleich 29
Arbeitsblatt 4: Text: Gibt es einen roten Faden in meinem Leben? 31
Arbeitsblatt 5: Text: Staunen und Dankbarkeit/John Hick: Die menschlichen Antworten auf die Frage nach Leben und Tod 32

Baustein 2: Gottesoffenbarung am Meer 33

Themen

- Wissenschaftstheorie und Glaube
- Offenbarung und Disclosure-Erfahrungen
- Die Eigenart religiösen Sehens

Medien

Arbeitsblatt 6:	Bild und Text: „Ich glaube nur an das, was ich sehe!"/Antony Flew. Die Parabel vom Gärtner **40**
Arbeitsblatt 7:	Text: Esther Maria Magnis. Gottesoffenbarung am Meer **41**
Arbeitsblatt 8:	Text und Bild: Offenbarung als „Disclosure-Erfahrung"/Mose vor dem brennenden Dornbusch **43**
Arbeitsblatt 9:	Text und Bild: Romantik – Grundlage von religiösen Erfahrungen? **44**

Baustein 3:
„Zigeuner am Rande des Universums"? **45**

Themen
- Naturwissenschaft und Glaube
- Theologie und Naturwissenschaft
- Atheismus als Herausforderung

Medien

Arbeitsblatt 10:	Bild und Text: „Zigeuner am Rande des Universums" **49**
Arbeitsblatt 11:	Text: Esther Maria Magnis. Ein peinliches Geschäftsessen **50**
Arbeitsblatt 12:	Text: Naturwissenschaft und Religion – Theologische Modelle/ Intelligent Design, Prozesstheologie, Mehrschichtenmodell **51**
Arbeitsblatt 13:	Bild und Text: Werbung für den Atheismus? **53**

Baustein 4:
Hilft Beten gegen Krebs? **54**

Themen
- Fürbittgebete
- Wunder und Wunderglaube
- Wissenschaftliche Untersuchungen zu Gebet und Wunder

Medien

Arbeitsblatt 14:	Fragebogen zum Thema Wunder/Wundergeschichten **60**
Arbeitsblatt 15:	Text: Esther Maria Magnis. Hilft Beten gegen Krebs? **61**
Arbeitsblatt 16a:	Text: Wer betet wie? Stufen des religiösen Denkens und religiöser Praxis **63**
Arbeitsblatt 16b:	Text: Fürbittegebete – ein Forschungsreport/Ulrich Schnabel. Die Vermessung des Glaubens **64**
Arbeitsblatt 16c:	Text: Wunder – eine theologische Kontroverse/Katholischer Erwachsenen-Katechismus; Eugen Drewermann. Der Sinn der Gebete **65**
Arbeitsblatt 17:	Text und Bild: Lourdes – Hoffnungsort oder religiöser Rummelplatz? **67**
Zusatzmaterial 1:	Text: Fridolin Stier. Vielleicht ist irgendwo Tag (Klausur zum Thema Wunder und Gebet) **68**

Baustein 5:
Was kommt nach dem Tod? **69**

Themen
- Das Jenseits – ein verschlossener Raum?
- Religionsgeschichtliche und theologische Aspekte
- Neuere Zugänge zum Jenseitsthema
- Trauerarbeit

Medien

Arbeitsblatt 18:	Text und Bild: Ein Koffer für die letzte Reise	**77**
Arbeitsblatt 19:	Text: Esther Maria Magnis. Ratlosigkeit angesichts des Todes	**78**
Arbeitsblatt 20a:	Die „Erfindung" der Seele **80**	
Arbeitsblatt 20b:	Text und Bilder: Sterben als Heimkehr zu Gott/Herbert Fendrich: Glauben und Sehen **81**	
Arbeitsblatt 21:	Text: Nahtoderlebnisse – Hinweise auf ein Leben nach dem Tod?/ Raymond A. Moody: Leben nach dem Tod **83**	
Arbeitsblatt 22:	Bilder und Text: Trauerriten **84**	
Arbeitsblatt 23:	Trauerphasen **85**	
Arbeitsblatt 24:	Lied: „Du hast den Raum mit Sonne geflutet …" – Zwischen Berührung und Kitsch/Herbert Grönemeyer. Der Weg **86**	
Zusatzmaterial 2:	Texte und Bilder: Hinabgestiegen in das Reich des Todes **87**	
Zusatzmaterial 3:	Interview mit Nikolaus Schneider (Klausur zum Thema „Was darf der Glaube hoffen?") **88**	

Baustein 6:
Nihilismus – die große Alternative? **90**

Themen
- Die Frage nach dem Sinn des Lebens
- Lebensoptionen und Lebenskrisen bei Jugendlichen
- Nihilismus als Herausforderung
- Glaube und Sinnfindung

Medien

Arbeitsblatt 25:	Karikatur und Text: Was ist der Sinn des Lebens?	**95**
Arbeitsblatt 26:	Text: Esther Maria Magnis. Erleuchtung nach einem Besäufnis	**96**
Arbeitsblatt 27a:	Text: Was ist Nihilismus? **98**	
Arbeitsblatt 27b:	Text und Bild: Sisyphos – Sinnbild des Menschen?/Albert Camus. Der Mythos von Sisyphos **99**	
Arbeitsblatt 27c:	Text: Esther Maria Magnis. „Kendauchdich" **100**	
Arbeitsblatt 28:	Bilder, Text und Grafik: Wie ticken Jugendliche? **101**	
Zusatzmaterial 4:	Text: Esther Maria Magnis. Die Petze kam heimlich (Klausur zum Thema Nihilismus und Absurditätserfahrung) **103**	

Baustein 7:
Versöhnung mit Gott **104**

Themen
- Glaube, Leiden und Erlösung
- Theodizeeproblematik
- Gott, Leid und Selbstfindung – eine bleibende Anfrage und Aufgabe?

Medien

Arbeitsblatt 29:	Bild und Text: Kreuzesabbildungen – verstörend?	**109**
Arbeitsblatt 30:	Text: Christus und das Waschbecken	**110**
Arbeitsblatt 31:	Text: Esther Maria Magnis. Die Wirklichkeit Gottes im Feuerkreis **111**	
Arbeitsblatt 32:	Text und Bild: Das Hiob-Projekt **113**	

Die Unterrichtsbausteine bedienen folgende Kompetenzbereiche bzw. Inhaltsfelder und Kompetenzen (am Beispiel des Kerncurriculums Gymnasiale Oberstufe im Land Niedersachsen), 2011

Kompetenzbereich/Inhaltsfeld Anthropologie: Der Mensch berufen zu Freiheit und Hoffnung

Die Schülerinnen und Schüler …
- deuten die Auseinandersetzung mit existenziellen Fragen als einen lebenslangen Prozess der Identitätsbildung und Selbstfindung. (M1)
- beschreiben die Weltoffenheit und die Gemeinschaftsbezogenheit des Menschen als Grundlage jeder Anthropologie und als Ansatzpunkt einer religiösen Deutung des Menschseins. (M2)
- erörtern die Grundannahmen des biblischen Menschenbildes im Vergleich mit alternativen Konzeptionen in Wissenschaften und in anderen Religionen. (M3)
- deuten eschatologische Vorstellungen als Hoffnungsbilder. (M4)
- präsentieren ihre persönliche Auseinandersetzung mit Zeugen des Glaubens. (M6)

Kompetenzbereich/Inhaltsfeld Theologie: Die Frage nach dem Sinn und die Unbegreiflichkeit Gottes

Die Schülerinnen und Schüler …
- beschreiben die Frage nach Gott im Kontext heutiger Religiosität und setzen sich mit der Relevanz des Glaubens für ihr Leben auseinander. (G1)
- entfalten die biblischen Vorstellungen von der Selbstoffenbarung und Unverfügbarkeit Gottes und erörtern deren Bedeutung. (G2)
- bewerten biblische und systematisch-theologische Antwortversuche zur Theodizeefrage. (G5)
- nehmen im Dialog der Theologie mit der Naturwissenschaft und der Religionskritik einen eigenen begründeten Standpunkt ein. (G6)

Vorwort

Ein nächster Band unserer Reihe liegt vor. Es ist wieder ein erprobtes Unterrichtsmodell. Es ist auch, wie die Kolleginnen und Kollegen es von unserer Reihe gewohnt sind, ein Modell, das sich deutlich an den Bedürfnissen der Schulpraxis der Sekundarstufen unserer Schulen orientiert. Aber es ist auch ein ganz besonderer Band.

Standen in den ersten Unterrichtsreihen zentrale biblische Texte mit ihren besonderen anthropologisch-theologischen Fragestellungen – sogenannte unterrichtliche „must haves" – im Mittelpunkt der Bearbeitung, geht es in diesem Band um die zentrale Frage, die die Menschen seit Menschengedenken angesichts von Leid und Schmerz umtreibt: WARUM? Der Autor geht der Frage allerdings nicht entlang der im Oberstufenunterricht gängigen theologisch-philosophischen Konstruktionsmuster nach, sondern lässt sich zunächst ein Leben erzählen, das bei aller Einmaligkeit doch den Schülerinnen und Schülern Identifikationsmöglichkeiten anbietet. Die Bausteine dieses Buches gleichen insofern Bausteinen des Lebens, die aufeinandergesetzt eine Ansicht von Religion und Religiosität gestatten, die zugleich existenziell und biblisch profiliert ist. Die Antwort auf die Frage nach dem WARUM kann theologisch keine neue sein, der Weg zu dieser Antwort sehr wohl. Wenn Schülerinnen und Schülern deutlich wird, dass die Frage nach Gott etwas anderes ist als ein Im-Nebel-Stochern, dass Frömmigkeit etwas anderes ist als Frömmelei und die Anerkenntnis der Souveränität Gottes anderes als Untertanenmentalität, dann hat dieser Band seinen Lern-Zweck erreicht.

Auch in diesem Band werden – wie in den Bänden vorab – die Prinzipien der *Exemplarizität*, der *Schülergemäßheit*, der fachwissenschaftlichen *Zuverlässigkeit* und auch der *Verlangsamung* in besonderer Weise realisiert. Diese Reihe setzt auf Muße und eine in die Tiefe gehende Erarbeitung, die sich Zeit nimmt für einen ausgiebigen Transfer in die Schülerwelt.

Autor und Herausgeber sind überzeugt, dass die Beschäftigung mit einer begrenzten, aber präzisen Fragestellung über einen längeren Zeitraum hinweg zu ertragreichen und nachhaltigen Lernergebnissen führen wird. Dabei stehen sie für eine humane religiöse Bildung und Erziehung, die sich kritischer Fragen an Gesellschaft, Schule und Kirche nicht entziehen und Wert auf konfessionelle Kooperation und interreligiöse Offenheit legen.

Volker Garske und Hermann-Josef Vogt

Ich steh vor dir mit leeren Händen, Herr,
fremd wie dein Name sind mir deine Wege.
Seit Menschen leben, rufen sie nach Gott,
mein Los ist Tod, hast du nicht andern Segen?
5 *Bist du der Gott, der Zukunft mir verheißt?*
Ich möchte dir glauben, komm mir doch entgegen!

Vom Zweifeln ist mein Leben übermannt,
mein Unvermögen hält mich ganz gefangen.
Hast du mit Namen mich in deine Hand,
10 *in dein Erbarmen fest mich eingeschrieben?*
Nimmst du mich auf in dein gelobtes Land?
Werd' ich dich noch mit neuen Augen sehen?

Huub Oosterhuis

Zit. nach: H. Kessler, Was kommt nach dem Tod?
Butzon & Bercker, Kevelaer 2014, 15

Interpretationen

1 Die Wahrnehmung von Leid und die Frage nach dem Sinn. Didaktische Vorüberlegungen

Ziele
- didaktisches Problembewusstsein entwickeln
- den Wert biografischer Zeugnisse für problemorientierte Themenkonstruktionen erkennen
- den systematischen Umgang mit biografischen Zeugnissen erlernen
- die Kritik bürgerlicher Religiosität als Basis christlicher Spiritualität nachvollziehen

Methoden
- Didaktische Analyse
- Daseinsanalyse/Phänomenologie
- Buchvorstellung

Große Leiderfahrungen

Wer schon über Jahrzehnte im Lehrberuf tätig ist, kann sich an zahlreiche Momente erinnern, in denen Kinder und Jugendliche in der Schule anderes und mehr gesucht haben als Wissen oder soziale Kontakte. Es waren Momente des Innehaltens, die auch Erwachsene ergriffen haben. Die militärischen Auseinandersetzungen in der Golfregion, die Kriege im ehemaligen Jugoslawien, die Anschläge des 11. September 2001, der Tsunami in Fernost am zweiten Weihnachtstag 2004, zahlreiche Amokläufe in deutschen oder US-amerikanischen Schulen, immer auch wieder einzelne Schicksalsschläge innerhalb der Schulgemeinschaft. Regelmäßig kamen und kommen Schüler[1] in Kirchen zusammen, um für die Opfer zu beten oder einen Ort zu haben, wo Zuspruch gespendet wird. Solidarität, Mitgefühl und Trostspenden scheinen Dimensionen des sozialen Lebens zu sein, auf die Individuen und Gruppen, wenn es „hart auf hart" kommt, verlässlich bauen dürfen. Aber: Jenseits der rituellen und ritualisierten Trauer taucht immer wieder die Frage auf, die auch oder gerade in modernen und postmodernen Gesellschaften nicht storniert werden kann – die Frage nach dem „Warum?".

→ Baustein 4

Die Frage von Menschen nach dem „Grund" für das Leid in der Welt ist keine Frage, die sie im Sinne einer Ursachenzuschreibung beantwortet haben wollen, bezieht sie sich doch nicht auf eine empirisch erforschbare Kausalkette. Die Frage nach Grund und dem Sinn bzw. Unsinn des Leidensgeschehens ist eine metaphysische. Sie betrifft die Logik menschlicher Grundannahmen, Planungen und Wünsche, die sich im Lebensvollzug als unzureichend erweist; sie betrifft im Letzten das Problem des Sinnes in einem von Menschen konstruierten Weltzusammenhang. Die „Gerechtigkeitslücke", die sich im Vollzug der eigenen wie der anderen Existenzen auftut – „Warum trifft die Einen, was den Anderen erspart bleibt?" – evoziert in der abendländischen Tradition letztlich die Frage nach Gott. Als solche ist und bleibt sie sicherlich noch einige Jahrzehnte in der Öffentlichkeit präsent, wenn auch unübersehbar ist, dass sich daneben zunehmend säkulare Formen der Ritualisierung und Bearbeitung dieser Form der Kontingenz etablieren.

---

[1] Um den Text lesbarer zu halten, wird im Folgenden von dem Schüler und dem Lehrer gesprochen und diese Form auch im Plural als Nomen generale genutzt.

Aber Lehrkräfte wissen auch: Neben dem „großen öffentlichen Leid" treibt gerade junge Menschen häufig sehr viel stärker und hartnäckiger die individuelle Not um. Häusliche Gewalt, die Scheidung der Eltern, ein Krankheits- oder ein Todesfall in der Familie, Mobbing in der Schule oder im Internet – Lebenskrisen können viele Ursachen oder Auslöser haben und auch sie sind nicht auf die Gruppe der Heranwachsenden beschränkt. Im Großen und Ganzen hoffen wir in diesem Bereich auf eine „natürliche Resilienz" der Kinder und Jugendlichen, mit anderen Worten: Wir vertrauen darauf, dass auch starke Belastungen nicht verhindern können, dass früher oder später einigermaßen integrierte Persönlichkeiten vor uns stehen werden. Das schließt aggressives und autoaggressives Verhalten in der Phase des Aufwachsens nicht aus, aber der Suizid als „Lösung" ist eher die Ausnahme.

Lebenskrisen

→ Baustein 5
→ Baustein 6

Soweit ich sehe, kommt außerhalb der Religionspädagogik kaum jemand auf den Gedanken, das Themenfeld der Sinnkrisen im Jugendalter in eine religiöse Perspektive zu rücken. Es scheint der Öffentlichkeit zwar auch heute nicht undenkbar, dass Menschen im Glauben an Gott und einer damit verbundenen Frömmigkeits- und Gebetspraxis Trost finden können. Gleichwohl kennt die veröffentlichte Meinung weder solche Menschen noch würde sie auf den Gedanken kommen, eine in diese Richtung gehende „Erziehung" für gut zu heißen. Die Profession für Sinnkrisen sieht die Mehrheit der Menschen in diesem Land ganz und gar angesiedelt bei der Pädagogik bzw. der Kinder- und Jugendpsychologie.

Sinnkrisen

Was aber ist mit jenen Menschen, die in einer äußerlich stabilen und von Schicksalsschlägen freien Weise ihr Dasein fristen, sich jedoch quälen mit einer Frage, die wir Religionslehrkräfte für *die* existentielle Frage schlechthin halten: „Wozu das Ganze?". Für die Theologie wie die Religionspädagogik besteht kein Zweifel daran, dass erst auf dieser dritten Ebene die religiöse Problematik im engeren Sinne sich auftut. Hier geht es nicht mehr um das Verstehen der Welt mit ihren Unvollkommenheiten, nicht mehr um Ethik und Sozialreparatur, sondern hier geht es zentral um das Leiden am eigenen Dasein und am eigenen Menschsein. Hier steht nicht mehr die Lösung von „Entwicklungsaufgaben" oder Krisenintervention an, hier soll die Sehnsucht nach *Erlösung* gestillt werden.

„Metaphysisches Leiden" ...

→ Baustein 3
→ Baustein 5

Es darf davon ausgegangen werden, dass mit dem Abebben eines im weitesten Sinne verstandenen „Existentialismus" in den 1970er-Jahren die Nachsicht in der Öffentlichkeit für dieses „Leiden an sich selbst" immer stärker geschwunden ist. Damit soll nicht in Abrede gestellt werden, dass es angemessene Wahrnehmungen und Beschreibungen der Problematik gibt. Die Pubertät ist nach wie vor Gegenstand intensiver Forschungen und Interventionen. Die Sensibilität ist verglichen mit früheren Zeiten sogar eher gewachsen. Zu konstatieren ist jedoch, dass in diesem Kontext Religion und Religiosität weder als Problem noch als Lösung in den Blick geraten.[1] Für die Mehrheit der Menschen ist die Frage nach der eigenen Existenz als Frage nach der Transzendenz eine „uneigentliche", eine, die mithilfe von Arbeits- und Thearapieangeboten sowie mit Ratgeberliteratur aus dem Bereich „Work-Life-Balance" behandelt werden muss. Wenn die Anzeichen nicht täuschen, ist die systematische und zugleich religiöse Beantwortung der Sinnfrage in die Nischen der Kirchen und Esoterikzirkel abgesunken. Auch im schulischen Kontext ergibt sich kaum einmal die Gelegenheit, diese Ebene menschlichen Empfindens und Denkens zu berühren.

... und das Unverständnis der Öffentlichkeit

---

[1] Vgl. die Themenjahreshefte des Friedrich Verlages 2013 (Pubertät), 2005 (Auf der Suche nach Sinn), 2004 (Aufwachsen). Zum theologischen Zusammenhang vgl. H. Gollwitzer, Krummes Holz – aufrechter Gang. Zur Frage nach dem Sinn des Lebens, München 1970

Interpretationen

2 Gott, Leid und Selbstfindung im Religionsunterricht der Oberstufe

2.1 Verlust der personalen Dimension durch Wissenschaftssprache

Auf den ersten Blick scheint vieles dafür zu sprechen, dem Religionsunterricht bei der systematischen Bearbeitung der dreischichtigen Thematik der Sinnfrage einen gewissen Kompetenzvorsprung vor anderen gesellschaftlichen Handlungsfeldern sowie auch vor anderen schulischen Domänen zuzuschreiben. Das entspricht dem theoretischen Selbstverständnis des Faches nach seiner „Neuaufstellung" zu Beginn der 1970er-Jahre wie auch der konkreten Themenkonstruktion in der Praxis. Während jedoch im Mittelstufenunterricht der Zusammenhang von personaler und fachlicher Dimension noch durchgehend sichtbar ist, drängt sich mit Blick auf die gymnasiale Oberstufe der Eindruck auf, dass hier eher die theologische Systematik das Unterrichtsgeschehen dominiert. Die seit den siebziger Jahren propagierte Wissenschaftspropädeutik hat zu einer merklichen Entpersönlichung der Sprache wie auch der Materialien beigetragen. Weithin beherrschen aus universitären Diskursen herausgenommene konstatierende theologische Sachtexte die Szenerie. Literarische und persönliche Zugänge zum Thema fungieren in der Regel als Appetizer oder sind als Relikte vergangener Zeiten allenfalls von historischem Interesse. Insgesamt scheinen dem Oberstufenunterricht die Konkretheit, die Anschaulichkeit und die Lebensnähe, die für eine nachhaltige persönliche Auseinandersetzung mit dem Thema notwendig sind, *strukturell* abhandengekommen zu sein. Damit ist nicht gesagt, dass im Einzelfall – etwa bei der Theodizee-Problematik – die existenzielle Ebene unberührt oder thematisch gleichgültig wäre, sondern nur, dass dieselbe den didaktischen Gesamtaufriss nicht konstituiert. Die hier vorliegende Konzeption möchte an dieser Stelle zu einem anderen Zugang verhelfen.

Krux theologischer Sachtexte

2.2 Anliegen und Ziel des Buches

Autobiografie als didaktische Chance

Dem Buch liegt eine der interessantesten religiösen Neuerscheinungen der letzten Jahre zugrunde. Die Berliner Religionswissenschaftlerin Esther Maria Magnis hat 2012 mit „Gott braucht dich nicht. Eine Bekehrung"[1] eine Bekenntnisschrift vorgelegt, die es nicht nur verdient von Religionslehrkräften aufmerksam gelesen, sondern auch unterrichtlich in den Blick genommen zu werden. Die autobiografische Reise durch das eigene Innenleben, durch die Gedanken und Gefühle auf der Suche nach Gott, nach Sinn, nach Antwort auf die Leidfrage und nicht zuletzt nach sich selbst soll in dem hier vorgelegten Konzept zum Ausgangspunkt genommen werden, die vorherrschende didaktische Planungsstruktur „vom Kopf auf die Füße zu stellen". Es wird der Versuch unternommen, einen Heranwachsenden auf dem Lebensweg zu begleiten und die von ihm her an das Leben gestellten Fragen theologisch zu reflektieren. Nicht mehr die „Überschrift" des Schulhalbjahres – Anthropologie, Theologie, Ethik – bestimmt, welche Themen verhandelt werden, sondern eine Autobiografie spielt die relevanten Fragen und Themen ein, bei deren Bearbeitung die Theologie zu dienen hat.

Lehrplanbezug

EPA-Bezug

Fachsystematisch ist die vorliegende Konzeption also nicht einer lehramtlichen oder universitären Struktur verpflichtet, sondern einer „pastoralen". Didaktisch wird das bekannte und unseren Oberstufenunterricht grundierende EPA-Schema mit seinen drei Säulen (*persönliche Fragen, theologische Orientierungen* und *gesellschaftliche und philosophische Herausforderun-*

---
[1] E. M. Magnis, Gott braucht dich nicht. Eine Bekehrung, Reinbek bei Hamburg 2012

*gen*¹) konsequent von „links nach rechts gelesen". Insofern versteht sich das Themenheft nicht als Alternative zum herkömmlichen Unterricht, beabsichtigt also auch nicht alles zum Thema zu sagen, was es aus fachlicher Perspektive anzumerken gäbe. Vielmehr spielt es theologische Sachverhalte nur insofern ein, als sie hilfreich für die Erhellung des vom Leben aufgeworfenen Problemzusammenhangs sind. Dahinter steht ganz grundlegend die elementare Frage: Wie kann ein Mensch heute überhaupt noch glauben?

3 „Gott braucht dich nicht!" – ein Buch gegen die religiöse Erschöpfung

3.1 Eine moderne Bekehrungsgeschichte

„Gott braucht dich nicht. Eine Bekehrung" ist eine „Lebensbeichte" und zugleich ein theologischer Suchtext. Die Autorin, Jahrgang 1980, erzählt im ersten Teil von ihrer behüteten Kindheit und Jugend in Ostwestfalen, von einer frühen „Exkursion" in einen Bereich, der unscharf als „Transzendenzscharnierstelle" bezeichnet werden kann, dann aber auch von ihrem Ungenügen an dem, was ihr in Kirche und Schule als „Religion" verkauft wird:

Ich wunderte mich [...] oft, wogegen sich die Masse der Gesellschaft von der Kirche noch abgrenzte. Ich fand, es sei nur ein ganz kleiner Schritt zwischen Christen und dem Rest. Alle wollten die Umwelt retten. Alle wollten Toleranz gegenüber den anderen Religionen, alle wollten ein bisschen weniger Papst, alle wollten, dass die Kirche lockerer wird, allen kam es auf die „Menschlichkeit" an und so weiter. Und sogar manche Bilder, die im Schaukasten vor unserer kleinen Kirche hingen, sahen genauso aus wie die von der UNESCO oder ähnlichen Vereinigungen. Ein großer Erdball, Kinder bilden einen Kranz drum herum, alle haben unterschiedliche Hautfarben und fassen sich an den Händen – schön bunt. Solche Bilder kamen damals überall gut an.
„Malt doch mal Frieden." Ich malte ihn so. „Stellt bitte irgendwie Liebe da." Ich malte sie so. „Heute geht es um Versöhnung." Ich malte sie so. Das funktionierte ganz wunderbar, sofern die Lehrer wechselten und solange man malen und nicht diskutieren sollte. [...] Ich habe diese Bilder mehrmals in irgendeiner Stunde hingewurschtelt und eine Eins bekommen – und wusste schon vorher, dass ein Lehrer so einem Bild nicht widerstehen können würde. Er vermutete die Sehnsucht von uns Kindern dahinter. Ich vermutete seine Sehnsucht dahinter. Eins. Danke.
*Das Einzige, worin sich die Kirche noch von der Gesellschaft meiner damaligen Meinung nach unterschied, war, dass die Kirche Jesus besonders wichtig fand. Aber selbst an dem verlor ich, je mehr katholische und protestantische Beschreibungen in mein Hirn Einzug hielten, das Interesse. Ich hatte genug Freunde. Ich brauchte als Vierzehnjährige nicht noch einen Unsichtbaren und schon gar keinen orientalischen Pazifisten mit Schlappen und Vollbart, der sich für mich, wie ich dachte, eh nicht sonderlich interessiert hätte, da ich weder Nutte noch Zöllner war, außerdem hatten wir einen Mercedes, der nicht durchs Nadelöhr gepasst hätte. So niedrigschwellig Jesus auch angeboten wurde, so wenig konnten meine Freunde und ich etwas mit ihm anfangen. Man konnte ihn neben Gandhi abhaken unter der Kategorie: „Der Typ war okay."*²

> Konservative Kritik an der modernen Religionspädagogik

> → Baustein 4

In diese Welt bricht an einem Weihnachtstag Mitte der neunziger Jahre die Nachricht herein: Vater hat Krebs! In einer ungemein dichten Szenenfolge schildert Magnis anschaulich

> → Baustein 4
> → Baustein 5

---

¹ Kultusministerkonferenz, Einheitliche Prüfungsanforderungen in der Abiturprüfung. Katholische Religionslehre (2006), S. 9 (http://db2.nibis.de/1db/cuvo/datei/epa_10_kat-religion.pdf)
² E. M. Magnis, Gott braucht dich nicht, 28f.

Interpretationen

→ Baustein 6

die Verarbeitungsmechanismen, welche der Fünfzehnjährigen, ihrer älteren Schwester und dem jüngeren Bruder zur Verfügung stehen – und wie alles zusammenbricht, als der Vater eineinhalb Jahre später stirbt.

Leiderfahrung und Depression

Der zweite Teil des Buches ist ganz der Verarbeitung dieses einschneidenden Erlebnisses gewidmet. In ihm wird geschildert, wie die Seele verrücktspielt, das Leiden am Verlust des geliebten Vaters Theaterstücke aufführt und sich eine neue, zynische und schließlich depressiv-nihilistische Grundhaltung in die Bewusstseinsverkabelungen des Gehirns einfrisst. „Weiß wie Schnee" ist in Anlehnung an das Schneewittchenmotiv diese Passage überschrieben, um die Unkonturiertheit der seelischen Landschaft zu beschreiben. Die Siebzehnjährige rechnet ab mit „ihrem Gott", zu dem sie gebetet hat und von dessen Existenz sie nach wie vor überzeugt ist. Um aber weiter leben zu können, muss sie ihn mitsamt der Liebe zum Vater „töten". In einem widersprüchlichen Prozess der Auseinandersetzung klagt sie die Menschen an, die ohne die Tröstungen der Religion ihr Leben meistern und wünscht sich selbst zuletzt genau das.

→ Baustein 6

Diese Gedanken, die damals anfingen, über das Leben und den Tod, dieses Gemotze von mir über die Weltanschauungen der Erwachsenen und meines Umfeldes, das war so ein heiseres Brüllen von mir, von diesem Köter, der da unten auf dem Spielplatz saß, auf dem die Schaukeln und Sandgruben abgeräumt waren. Irgendwie habe ich das da bewacht. Es durfte nichts rein, was irrational war. Ich dachte, ich könnte die Welt bedenken. Und nur der Wirklichkeit den Einzug gewähren. Ich wollte Fakten [...]
Was ist gut?
Ich will schlafen.
Für wen?
Für mich.
Wer ist das?
Ich will einfach nur schlafen.
Dein Sinn?
Gibt keinen. Muss man sich selbst geben.
Ja?
Das ist dann kein Sinn.
Oh.
Das ist Getue. Ich will schlafen.[1]

Disclosure-Erfahrungen im Alltag

Wie erwacht man aus einer Depression? Davon erzählt der dritte Teil des Buches. Es sind die kleinen „Disclosure-Erfahrungen des Alltags", die Esther lehren, sich selbst wieder zu achten, sich selbst wieder als eine mit Würde ausgestattete Person schätzen zu lernen. Da ist das Wiegenlied der Oma („Weißt du, wie viel Sternlein stehen"), das in Erinnerung ruft, dass Gott jedes Geschöpf kennt und beim Namen nennt; da ist die schockierende Erfahrung, dass ein Reh vor ihr nicht scheut, so als sei sie gar nicht existent; da ist die neue Wahrnehmung der Menschen als liebenswerte Geschöpfe und nicht zuletzt ist da die Entdeckung des Buches Hiob, in dem sie ihre eigenen Erlebnisse, Erfahrungen, Gedanken und Seelenkämpfe gespiegelt findet.

→ Baustein 6

Sinn als Geschenk Gottes

Und auf einmal fragt sie: Kann es sein, dass ich falsche Ansprüche an das Leben stelle, das offensichtlich kein Vergnügungspark ist? Und sie meint: Eine Religion, die verspräche oder suggeriere, in diesem irdischen Leben könne alles gut werden oder mit sozialem Engagement könne man das dem Leben zugehörige Leid aus der Welt schaffen, ist keine christliche Religion. Es ist dieser Gedanke, der dem Buch seinen Titel gegeben hat. Die kirchliche Ver-

---

[1] E. M. Magnis, Gott braucht dich nicht, 131–133

kündigung wie auch die Religionspädagogik meinen – so Magnis – Gott angesichts des Leids vor sich selbst in Schutz nehmen zu müssen (S. 30: „Gott braucht deine Arme, weil er hat keine") und zerstören damit die Idee der Souveränität Gottes. Wo Gott die Menschen braucht, ist die Religion reines Menschenwerk. Bekehrt werden zum Schöpfer der Welt kann der Mensch nur, wenn er sich als Geschöpf aus reiner Gnade versteht und nicht als ein jemand, der Gott gegenüber Ansprüche erheben könnte. Der Bruch mit bürgerlicher Religiosität und bürgerlich-aufgeklärtem Selbstverständnis kann kaum schärfer formuliert werden als bei Esther Maria Magnis. Vieles, was bei den großen theologischen Existentialisten wie Paulus, Augustinus, Luther, Pascal und Kierkegaard an Wertvollem zu finden ist, können Schüler nachvollziehbar auch hier studieren.

→ Baustein 7

Esther Maria Magnis ist vierundzwanzig, als sich das Drama um den Vater bei ihrem Bruder wiederholt. Auch bei ihm wird Krebs diagnostiziert. Der Kampf gegen dessen Zerstörungswerk wird knapper erzählt als beim Vater, weil nun etwas anderes in den Blick gerät. Johannes, der „Ungläubige", wird auf den letzten Seiten des Buches zu einem „Zeugen des Glaubens". Zugleich legt die Autorin selbst davon „Zeugnis" ab:

Gott hatte schon genug gelitten, und so, wie Johannes mit ihm sprach, wirkte es, als geschehe es jetzt gerade, als wiche ER keinen Zentimeter von dem Kind, das er liebte, als ließe er ihn nicht eine Sekunde aus den Augen, als hätte er sich vorgenommen, die ganze Zeit ununterbrochen nicht eine Sekunde eher seine Qual am Kreuz aufzulösen, als sie bei diesem jungen Mann, der da im Bett lag, andauerte. ER blieb und blieb und blieb. Und zwischendurch wandt Johannes sein Gesicht und sah ihn an – und für diese Momente, für diese Begegnungen habe ich keine Worte. All das sah ich. Bei all dem war ich dabei und bin Zeuge.[1]

Gott erlöst im Kreuz

→ Baustein 7

3.2 Anregendes Bekenntnis und konservative existenzialistische Volte

Der Religionsunterricht kann weder ohne Bekenntnisse noch ohne die Reflexion über die Gattung Bekenntnis arbeiten, will er nicht ein Kernanliegen seines Faches verfehlen. Gleichwohl bereiten Bekenntnisse im unterrichtlichen Alltag Probleme. Was sollen Schüler anfangen mit betenden Muslimen oder mit auf Trikots abgedruckten Jesusbotschaften von brasilianischen Fußballern? Gilt gegenüber diesen doch zumeist knappen und hermetischen Statements nicht tatsächlich der sattsam bekannte Schülerspruch „Das muss jeder selbst entscheiden"?

Das Bekenntnis als motivkräftige Aussage ist Bilanz verdichteter Lebenserfahrungen oder sehr persönlicher Ausdruck einer individuellen „Lebenswende". Ohne eine Situierung des Bekenntnisses in einer konkreten Lebensgeschichte bleibt es für die Außenwelt kontingent und belanglos. Eine nicht in Beliebigkeit auslaufende, sondern existenziell gehaltvolle Auseinandersetzung mit Bekenntnissen kann eigentlich nur über eine nähere Bekanntschaft mit einer „Glaubenszeugin" erreicht werden, die als Modell für das Glauben-Können in der Gegenwart den Lernenden vorgestellt wird. Die Nähe zu einer fremden und doch konkreten Person kann freilich nicht durch Internetrecherche oder das Lesen von Textfragmenten angebahnt werden; erforderlich erscheint vielmehr eine über mehrere Wochen erfolgende Rezeption und Durcharbeitung der Selbstauskunft dieses Menschen. „Gott braucht dich nicht" ermöglicht genau das: Kritische Begleitung und Modelllernen.

Autobiografie statt Bekenntnispuzzle

---

[1] E. M. Magnis, Gott braucht dich nicht, 231

Interpretationen

Rechenschaft vom Glauben

Wenn mit Blick auf Esther Maria Magnis von „Bekenntnis" die Rede ist, so geht es allerdings weder um feuilletontaugliche Treuebekundungen zu einem artifiziell-ästhetischen und reaktionären Katholizismus noch um eine linksengagierte Neuerfindung des Christentums, weder um eine pejorativ zu lesende Abrechnung mit einer „Gottesvergiftung" noch um ein historisierendes „Urgroßmutter erzählt". „Gott braucht dich nicht" ist nichts, worüber einmal so eben im Unterricht zu plaudern wäre. Es liegt vielmehr die Dokumentation eines authentischen Ringens um Glaube und Selbstfindung vor, eine „Rechenschaft vom Grund der Hoffnung" (1 Petr 3,15). Mit der Schrift geht es letztlich um das „existenzielle Kerngeschäft" unseres Faches sowie der Religion generell.

Selbstfindung als lebenslanger Prozess

Ohne Zweifel ist das Buch von Esther Maria Magnis ein „konservatives Manifest", das Glaube und Selbstentwurf entlang traditioneller Themen durchbuchstabiert: Sünde, Tod, Auferstehung, Leid, Erlösung – und das alles als ganz individuelle Auseinandersetzung mit Gott. Damit organisch verknüpft werden für bürgerliche Jugendliche alterstypische Phänomene wie pubertäres Aufbegehren, nihilistische Verirrungen, Selbstmordgedanken, religiöse Entfremdung, Suche nach dem Selbst und nach dem Sinn des Lebens. „Konservativ" ist auch die vom Ende her sich nahelegende Konsequenz der Lebensbeichte: Lebenssinn ergibt sich letztlich nur durch den Glauben an einen personalen Gott, die Alternative – eine Welt ohne Gott – ist furchtbar. Freilich wird diese Sicht nicht propagiert, sondern immer wieder auch zurückgenommen durch die zutiefst personal-persönliche Charakterisierung der Option für Gott. Hier wird also keine Mission betrieben, sondern ein individueller Weg vorgestellt. So wird auch der gesellschaftliche Kontext des Erwachsenwerdens kaum thematisiert, der soziale Nahraum mit seinen Menschen bleibt bis auf wenige Ausnahmen eher schemenhaft. Das Buch schildert nicht die Welt der neunziger Jahre des vergangenen Jahrhunderts, sondern von den Neunzigern alles das, was auch heute noch präsent ist: Der seicht linksliberale Mainstream in Gesellschaft, Pädagogik und Religion, die politische Korrektheit, der hohe Stellenwert des gesellschaftlichen Engagements und die Ideologie des oberflächlichen Szientismus, der existenzielle Fragen für naiv und zudem für wissenschaftlich geklärt hält. Der Lärm der Großstadt bleibt außen vor, wer will, mag sich eine ländliche Umgebung in Nordwestdeutschland vorstellen.

„Ich und mein Gott": Gottsuche als Suche nach dem Selbst

Die Autorin hält sich folglich auch mit aufdringlicher Gesellschaftskritik zurück und definiert ihre Probleme mit sich und der Welt konsequent als persönliche Probleme. Es liegt im Grunde ein Lehrstück theologischer Anthropologie vor, die nicht in psychologische, soziologische und historische Rahmendaten aufgelöst wird, sondern die eigene Person ganz in die Eigenverantwortung vor Gott hineinstellt. Hier spricht kein Opfer der Gesellschaft, sondern eine Existentialistin. Das Thema der Esther Maria Magnis lautet „Ich und mein Gott" – ganz in der Tradition der augustinischen „Confessiones".[1] Das Buch sucht nach GOTT und nicht nach einem vagen „Göttlichen", das Menschen der Gegenwart häufig in ihrem Leben „irgendwie" am Werke sehen, wenn sie einen roten Faden durch das Gewusel ihrer Alltagserfahrungen spinnen wollen. Das Buch ist anregend für diejenigen Lehrkräfte, die mit ihren Schülern die relativistische und religiös unergiebige Inventarisierung von biblischen Gottesbildern durchbrechen und zum Kern des Religiösen vorstoßen möchten. Es gibt am Ende keinen „Gott verbindlich" (Werbick), wohl aber ein Artikulationsniveau, das von Abiturienten nicht unterschritten werden sollte, wenn sie sich mit der Frage nach Gott auseinanderzusetzen haben oder dieses wollen. In diesem Sinne ist die Bekenntnisschrift anregend und nicht abschließend. Die Genese des Glaubens wird als Ringen um Antworten auf die entscheidenden Fragen sichtbar, damit auch diskutierbar und angreifbar.

---

[1] A. Augustinus, Bekenntnisse. Aus dem Lateinischen übertragen und mit einer Einführung von Wilhelm Thimme, dtv München [8]1982

3.3 Biografisches Lernen

Mit der Leitidee „Biografie" wurden früher ausschließlich Konzepte des Vorbildlernens verbunden. Heilige und Märtyrer zeigten an, welche Lebensmodelle in religiöser Sicht erwünscht sind. Dabei war den Erziehern durchaus bewusst, dass das Leben eigene Gesetzmäßigkeiten aufweist, welche einfache „Umsetzungen" von stilisierten Lebensentwürfen erheblich einschränken oder sogar verunmöglichen. Entscheidend war, dass den Jugendlichen eine moralische Norm, eine heroisch-christliche Grundhaltung gegenüber den Herausforderungen des Lebens mit auf den Weg gegeben werden konnte. In den sechziger Jahren des vergangenen Jahrhunderts kam das Lernen an Vorbild-Biografien in Verruf – nicht zu Unrecht. Der Verdacht, dass Normierung und Uniformierung der Ausbildung einer eigenen Identität mit selbst gewählten und persönlich verantworteten Lebenszielen im Weg stünden, war schwerlich von der Hand zu weisen. Die daraufhin erfolgte Neukonzeption des biografischen Lernens[1] hat zu vier Ergebnissen geführt, die in die Konzeption dieses Bandes eingegangen sind:

- *Empirisch* gesehen ist die Biografie als lineare Erzählung ein Konstrukt. Individualität und Subjektivität sind nicht einfach gegeben, sondern werden im Leben selbst herausgebildet, erprobt, umgestaltet und gefestigt. Was der Erwachsene dann als sein Leben erinnert, ist ein Gemisch aus „Lebenslüge" und Erkenntnis. Gerade deshalb bleibt der Mensch sich häufig selbst fremd.
- *Didaktisch* geht es um die „Erdung" christlicher Existenz. Idealisierende Entwürfe (Mutter Theresa, Franz von Assisi) mögen Staunen erregen oder Achselzucken, sie bleiben erratisch, wenn den Schülern eine Fühlungnahme mit der seelischen Entwicklung und den Handlungskonzepten der Protagonisten verwehrt bleibt. Die vor einigen Jahren entdeckten „Local Heroes" vermögen diese Lücke allenfalls im ethischen Bereich zu schließen, nicht jedoch im Existenziellen.
- *Pädagogisch* geht es um die Erweiterung von Freiheitsräumen durch das Verstehen fremder Lebenskonzepte, v.a. wenn sie in der Form gebrochener Autobiografien wie bei Esther Maria Magnis daherkommen. Die Suche nach einem roten Faden in einem Leben, das irgendwann aus den Fugen gerät und bei allem äußeren Funktionieren im Innern eine unendliche Leere hinterlässt, ist kein Einzelschicksal, für das sich ein Heranwachsender zu schämen hätte. Erst die Annahme der eigenen Unvollkommenheit lässt Empathie und Verständnis für andere Menschen reifen und befreit gerade dadurch vor schematischen Reaktionsmustern.
- *Theologisch* bedeutsam ist die Erkenntnis: Glaube rettet nicht sofort und schon gar nicht in der Art, wie ein Arzt das Leben eines Patienten rettet. Das bei Schülern vorherrschende Verständnis, Religiosität wappne gegen Lebenskrisen und mache alles gut, spiegelt eben nicht die Irrungen der Seele wider, wie sie in modernen religiösen, aber auch in historischen und biblischen Überlieferungen zutage treten. Christliche Spiritualität ist kein fundamentalistisches Zauberkunststück, das alle Probleme aus dem Weg räumt, sondern sie bleibt bis zum Lebensende ein Weg.

3.4 Theologischer Grundzug dieses Buches

Johann Baptist Metz hat vor einem knappen Jahrzehnt in einer Sammlung pathetischer Essays die Theodizeefrage zur Menschheitsfrage schlechthin erklärt. Ohne eine Erinnerung an die biblische „Landschaft aus Schreien" drohe der Welt nicht nur der Glaube an Gott verloren zu gehen, sondern auch ein qualifizierter Begriff des Menschseins. Das im Judentum

---

[1] Vgl. als Überblick H. Mendl, Lernen an (außer-)gewöhnlichen Menschen, Katechetische Blätter 131 (2006), 8–13

wurzelnde Christentum sei die einzige Religion, welche die Geschichte der Menschheit als „Passionsgeschichte" zu erzählen und damit der Postmoderne einen Gegenentwurf zur Zeitlosigkeit des Evolutionismus anzubieten vermöge. In der Konsequenz einer solchen „anamnetischen Rationalität", die im Grunde nur im „Narrativ" zu haben sei, könne die Praxis der Christgläubigen nur diejenige der „Compassion" sein.[1]

Compassion

Der Ansatz von Metz stellt grosso modo das Credo moderner Religionsdidaktik dar: Durch Engagement wird die „Gerechtigkeitslücke", die Gott selbst scheinbar hinterlassen hat, geschlossen. Er ist sozusagen die ultimative Antwort der Theologie auf die Infragestellung der Weltordnung durch den Atheismus. Um es pointiert zu sagen: Der Arzt Dr. Rieux aus Camus' Roman „Die Pest" ist zum Christentum konvertiert und macht weiter wie bisher.

Dieses Konzept ist vor dem Hintergrund der neuen Metaerzählung „Evolution" verständlich. Leid und Evolution stellen zusammen den „Fels des Atheismus" (Büchner) dar. Und es macht wenig Sinn, junge Leute vom Gegenteil „überzeugen" zu wollen, wenn gleichzeitig renommierte Theologen am Ende ihres Gelehrtenlebens Konsequenzen aus den naturwissenschaftlichen Erkenntnissen ziehen, die nur noch wenig gemein haben mit dem kirchlich dogmatisierten Glauben.[2]

Magnis und der „individuelle Hiob"

Die Auseinandersetzung mit dem neuen wirkmächtigen Paradigma findet auch im vorliegenden Buch statt. Trotzdem bleibt die Antwort eher klassisch und theistisch. Auch Esther Maria Magnis sieht, wie Metz, die in der Übermacht des Evolutionismus liegende drohende Gefahr, die zu einem Verlust des Humanen führen kann. Freilich besitzt diese Erkenntnis keine politische Zielrichtung oder eine dem kirchlichen Glaubenssystem verhaftete apologetisch-platonische Motivation. Diese „Wahrheit" wird vielmehr existenziell durchlitten. Insofern kennt Magnis nicht den „kollektiven Hiob" und keine menschheitsumschlingende Compassion. Eher kann von einer individualistischen Sicht auf den biblischen Hiob gesprochen werden. Das persönliche Leid führt zur Rebellion und schließlich zur Unterwerfung unter den Willen und die Fügung Gottes.

Mit Blick auf die „Daseinsanalyse" der Autorin werden deshalb eher Bezüge zu Eugen Drewermanns Theologie deutlich: Wie kann aus der Verzweiflung an der Einrichtung der Welt so etwas wie neues Vertrauen in das Leben wachsen? Die Antwort wird bei Esther Maria Magnis zum Ende hin deutlich: Im Gegenüber zu einem Gott, der mich persönlich „anspricht" und mir einen Gnadenraum eröffnet. Damit können nicht alle Fragen nach dem Leid in der Welt beantwortet werden, wohl aber kann ein individuelles Vertrauen, das selbst Geschenk Gottes ist, gewagt werden. Das Zeugnis der Esther Maria Magnis ist nicht kopierbar. Aber die Wahrnehmung von Einladungen kann geschult werden. Anders kann Glaube jenseits des Fundamentalismus in der Gegenwart wahrscheinlich nicht mehr begründet werden.[3]

„Heilbringender Sinn des Leidens"

Das Buch Hiob, mittlerweile ein Klassiker im Religionsunterricht, wird im vorliegenden Konzept keine tragende Rolle spielen – nicht nur weil eine Verdoppelung der Materialien vermieden werden soll, sondern auch weil Esther Maria Magnis' Schrift eine moderne – freilich christliche – Adaption des Stoffes darstellt. Das kann hier nicht im Einzelnen begründet werden. Theologisch nur so viel: Bei der Lektüre der Schlussszenen von „Gott braucht dich

---

[1] Vgl. J.B. Metz, Memoria passionis. Ein provozierendes Gedächtnis in pluralistischer Gesellschaft, Freiburg-Basel-Wien 2006

[2] Vgl. H. Halbfas, Glaubensverlust. Warum sich das Christentum neu erfinden muss, Ostfildern 2011; vgl K.P. Jörns, Update für den Glauben. Denken und leben können, was man glaubt, Gütersloh 2012, vgl. E. Drewermann, Wendepunkte oder Was eigentlich besagt das Christentum, Ostfildern 2014

[3] Vgl. E. Drewermann, Wendepunkte oder Was eigentlich besagt das Christentum, 101–169

nicht" werden Erinnerungen an die Schrift „Salvifici Doloris" von Johannes Paul II. wach.[1] Darf im Anschluss an Magnis im RU von einem „heilbringenden Sinn des Leidens" oder von einem „Evangelium des Leidens" gesprochen werden? Und darf das sein angesichts des Krebstodes des eigenen Bruders? Diese Grundhaltung setzt alles außer Kraft, was junge Menschen sonst in der Schule lernen und was in der bürgerlichen Gesellschaft und der ihr korrespondierenden bürgerlichen Religionspädagogik akzeptabel erscheint. Es heißt: „Leid ist zu vermeiden! Wenn es nicht anders geht, ist es anzunehmen." Aber mit dem ebenfalls an Krebs verstorbenen katholischen Alttestamentler Fridolin Stier davon zu sprechen, im Karzinom die gütige Hand des Schöpfers zu spüren[2] – unmöglich!? Die Unterwerfung unter einen „Natur-Baal"? – soll damit das Erschrecken über die gebieterische Kraft des biblischen Monotheismus erneut in die Pädagogik einziehen? Haben wir nicht unsere Unterrichtsmaterialien in den letzten Jahrzehnten gerade von dieser Sichtweise erfolgreich befreit?

„Karzinom als gütige Hand des Schöpfers"?

Der RU steht sicher nicht in der Gefahr humane Standards zu unterlaufen, aber darf den Schülern dieser Perspektivenwechsel nicht wenigstens einmal im Leben zugemutet werden: „Du hast vor Gott keinerlei Recht! Dein ganzes Dasein ist Gnade!"? Ohne das Verständnis für diesen Grundansatz biblischen Denkens wird sich der Unterricht immer wieder in die gleichen Sackgassen der Theodizee-Problematik hineinbegeben und dem Evolutionismus nichts entgegensetzen können.

4 Zur unterrichtlichen Arbeit mit dem Buch

Schüler der gymnasialen Oberstufe bekommen im vorliegenden Buch theologische Denkansätze aus der Perspektive der biografischen Relevanz vorgestellt. Das heißt allerdings nicht, dass die fachlichen Bezüge der Lehrpläne belanglos wären – im Gegenteil. Das gesamte Buch kann zu Beginn der Oberstufenarbeit als Zugang zur Theologie genutzt werden oder zum Abschluss der Schullaufbahn als personale Relevanzprüfung theologischer Themen. Von der Fachsystematik her bietet es sich an, das vorliegende Inhaltstableau in einem anthropologisch oder theologisch angelegten Semester anzubieten. Auch eine dritte Möglichkeit ist nicht ausgeschlossen: Die Bausteine werden in die Halbjahresplanungen eingebaut, um die existenziellen Zugänge der Esther Maria Magnis motivierend zu nutzen. In diesem Fall müsste allerdings beachtet werden, dass die Kohärenz der ausgewählten Texte im Rahmen der Ganzschrift gewahrt wird. Es liegt in der Natur der Sache, dass eine grenzüberschreitende Themenstellung wie die vorliegende, noch dazu wenn sie „Leid" und „Gott" im Titel führt, kein Neuland betritt. Der Autor hat sich bemüht einige noch nicht verwendete Materialien beizusteuern, hat aber an einigen Stellen auch Bekanntes verwendet, wenn es sich angeboten hat.

Einbettung in den Oberstufenunterricht

4.1 Problemorientierter Religionsunterricht

Die gesamte Konzeption ist einem erneuerten problemorientierten RU verpflichtet. In Anlehnung an Heinrich Roth wird davon ausgegangen, dass dem Lernen der Schüler eine klare und kognitiv ausgerichtete Fragestellung sowie eine Lernstruktur unterlegt werden

Anleihen aus der Philosophiedidaktik

---

[1] Apostolisches Schreiben Salvifici Doloris von Papst Johannes Paul II über den christlichen Sinn des menschlichen Leidens (1984), Verlautbarungen des Apostolischen Stuhls 53, hg. vom Sekretariat der Deutschen Bischofskonferenz

[2] F. Stier, Vielleicht ist irgendwo Tag. Die Aufzeichnungen und Erfahrungen eines großen Denkers, Freiburg – Basel – Wien 1993 (Tb), 282

muss, welche Transparenz und Progression hinsichtlich der zu erwerbenden Kenntnisse und Fertigkeiten nachvollziehbar abbildet. In jüngster Zeit ist das Konzept von Rolf Sistermann für die Philosophiedidaktik neu begründet worden und hat seinen Niederschlag in dem Unterrichtswerk „Weiterdenken" gefunden.[1] Das von Sistermann vorgelegte „Bonbonmodell" berücksichtigt die seit PISA verstärkt eingeforderte Problemlösefähigkeit und zeigt zugleich durch die Anordnung von Materialien und Aufgabenstellungen den unterrichtlichen Weg zu dieser Problemlösungsfähigkeit auf. Erhofft wird eine nachhaltigere Wirkung auf die kognitiven Strukturen von Lernenden als mit den nicht selten anzutreffenden Textlektüre-Textauswertung-Tafelanschrieb-Szenarien. Damit kommt Sistermann einem Anliegen entgegen, das jüngst auch in der katholischen Didaktik durch Rudolf Englert nachdrücklich angemahnt worden ist.[2]

Das problemorientierte Lernprozessmodell

Um Missverständnissen vorzubeugen:
Hier geht es um eine Schrittfolge innerhalb eines Lernprozesses, nicht um die Phasierung einer Unterrichtsstunde. Problemformulierung, Problemlösung und Anwendung der neu erworbenen Kenntnisse und Fertigkeiten benötigen in der Regel den Rahmen einer Sequenz.
Zweitens: Die Problemorientierung ist nicht identisch mit einem Lehrer-Schüler-Gesprächskonzept alter Prägung, sondern korrespondiert mit Lernarrangements, die auch andere, handlungsorientierte „Lernkanäle" bedienen.
Drittens: Der hier vorgeschlagene problemorientierte RU hat nicht gesellschaftliche, sozialkundliche und ethische Fragestellungen zum Gegenstand, sondern Religion und Glaube sowie dessen kognitive Durcharbeitung.

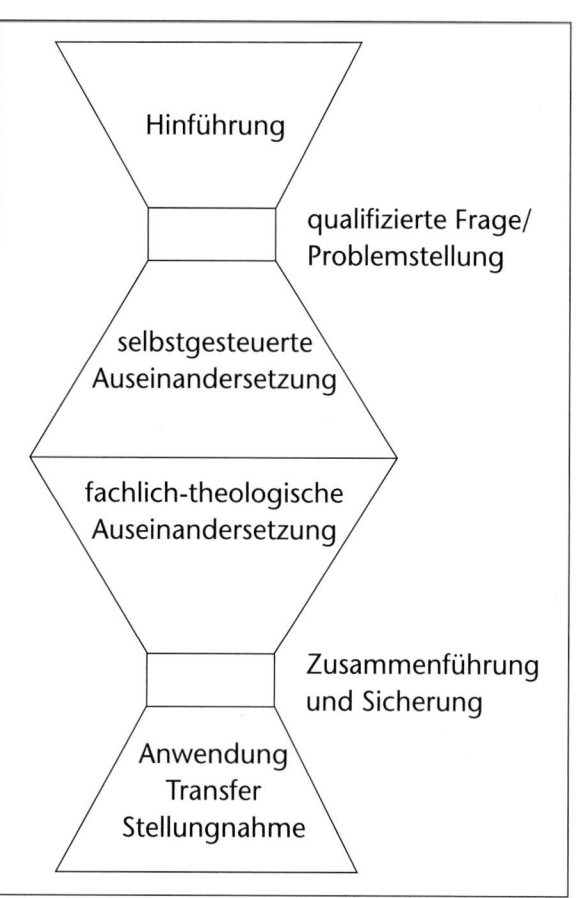

Lernprozess in Anlehnung an Rolf Sistermanns Bonbonmodell
(nach: Ders.: Weiterdenken. Band A, Schroedel, Braunschweig 2009, S. 7)

4.2 Der Baustein als Abbild des Lernprozesses

Die implizierte Didaktik des Buches

Das Modell bestimmt den Ort und die Funktion des theologischen Textes genauer als es im „normalen Unterricht" geschieht. Zunächst muss eine für den Schüler bzw. den Bildungsprozess relevante Fragestellung formuliert werden, auf welche der theologische Text zu antworten hat. Viele im Unterricht eingespielte philosophisch-theologische Positionen sind zwar fachlich angemessen und durch den häufigen Gebrauch kanonisiert, weisen allerdings keinen Bezug zu einer existenziell relevanten Problemstellung auf. Im Kern geht es also um das *Problem der Passung*.

---

[1] R. Sistermann, Weiterdenken, 3 Bde., Braunschweig 2009–2012. Zur näheren Ausgestaltung mit Blick auf die hier vorgelegte Thematik vgl. Abschnitt 4.
[2] Vgl. R. Englert, Religion gibt zu denken. Eine Lehrdidaktik in 19 Lehrstücken, München 2013, 13–99

Das Modell bildet genauer als andere Unterrichtsskripte den korrelativen Lernprozess ab, indem es zwischen die Hinführungsphase und die (häufig als Lösungsangebot fungierende) Texterarbeitungsphase nicht nur eine qualifizierte Fragestellung schiebt, sondern auch eine Phase einer selbstständigen Lösungsannäherung. Der mit dem Lernphasenmodell intendierte zugleich selbsttätige, fachlich ausgerichtete sowie zielorientierte Prozess stellt nicht nur das notwendige Bindeglied zur theologischen Tradition her, er verhindert gleichzeitig ein uferloses Diskutieren über „Gott und die Welt" und ist gleichzeitig die notwendige Basis für persönlich bedeutsames Lernen. Im Kern geht es also um das *operative Problem der Korrelation*.

Das Modell befragt den Unterricht Planenden noch einmal daraufhin, was genau das Ergebnis des Lernprozesses sein soll und wie dasselbe jenseits des Tafelanschriebs gesichert und angewendet werden kann. Dabei wird zum einen deutlich, dass die Schülerergebnisse Teil der Lösung bzw. des im Vorfeld der Lösungen stattfindenden fachlichen Ringens um dieselbe sind (Zusammenführung und Sicherung). Zum anderen müssen Kenntnisse „angewendet" werden, um einen Lernprozess zu mehr Nachhaltigkeit zu verhelfen, ihn beobachtbar und kontrollierbar zu gestalten. Im Kern geht es hier um das *Problem der Sicherung und Festigung von Wissen und Können*. Allerdings handelt es sich bei der „Festigung von Wissen und Können" um einen didaktischen Begriff. Es liegt auch hier wieder in der Natur der Sache, dass ein theologisch abschließendes Wissen nicht „gesichert" werden kann. Dem steht nicht nur die fachliche Diskussion entgegen, sondern mehr noch die kulturelle Gesamtlage des christlichen Glaubens.

4.3 Zwischen Ganzschrift und Textfragment

Die Diskussion über den Sinn von Ganzschriften im Unterricht wird immer wieder einmal geführt. Sie muss hier nicht wiederholt werden.[1] Tendenziell überfordert „Gott braucht dich nicht" als Ganzschrift die Mehrheit unserer Schüler. Das schließt allerdings nicht aus, das Buch von Esther Maria Magnis begleitend zur Arbeit mit EinfachReligion lesen zu lassen. Die nachfolgenden Bausteine sind allerdings so gestaltet worden, dass die parallele Lektüre nicht notwendig ist. Wichtig sind deshalb Hinweise der Lehrkraft zu Textzusammenhängen sowie Reflexionsebenen in Magnis' Schrift. Die Textauswahl folgt in der Regel der Anordnung in der Buchvorlage, die Kohärenz derselben kann freilich durch die fachliche Auseinandersetzung im Unterrichtsprozess verloren gehen. Es ist hilfreich, wenn Brücken zwischen den in den einzelnen Bausteinen verwendeten Textausschnitten gebaut werden und zudem die Konzeption dieses Unterrichtsmodells zumindest in den Grundzügen erläutert wird, um die Transparenz des didaktischen Verfahrens für die Schüler zu gewährleisten.

Repräsentative Textauswahl

---

[1] Vgl. zuletzt RelliS. Zeitschrift für den katholischen Religionsunterricht, Heft 3/14: Ganzschriften, Paderborn, Schöningh

Baustein 1

Gibt es einen roten Faden in meinem Leben?

Ziele
- die Identitätsbildung als Problem der Integration von Außenzuschreibungen in ein Selbstkonzept beschreiben und erläutern
- „existenziell bedeutsame Fragen" stellen
- Staunen und Dankbarkeit als Grundlagen für die Erfassung der religiösen Dimension des Lebens entfalten

Methoden
- Biografisches Interview
- Internetrecherche
- Präsentation von Rechercheergebnissen
- Verfassen eines biografischen Aufrisses
- Verfassen eines Gebetes

Der Baustein thematisiert die für moderne Gesellschaften grundlegende Differenz zwischen äußeren Persönlichkeitsmerkmalen und innerer Selbstwahrnehmung. Damit wird das Problem der Identitätsbildung den Schülern als beschreibbare existenzielle Anfrage und als Grundlage für religiöses Fragen verdeutlicht.

Sachanalyse

Die Identitätssuche stellt die größte Herausforderung des Jugendalters dar. Nicht selten überlagert die Frage „Wer bin ich eigentlich?" alle anderen Lebensaufgaben, insbesondere das schulische Lernen. Vor einigen Jahrzehnten wurde die Phase, in welcher Heranwachsende ihren eigenen unverwechselbaren Charakter sowie die für das gesellschaftliche und das Erwerbsleben notwendigen Kompetenzen erwerben sollen, als *Moratorium* bezeichnet, als Freistellung vom „wirklichen Leben". Dieses für die bürgerliche Gesellschaft typische pädagogische Konzept eines separierten *Jugendalters* ist mittlerweile in eine Begründungskrise geraten. Zum einen werden die Berufsrollen zunehmend unbestimmter, die Rede vom „lebenslangen Lernen" unterminiert die Vorstellung eines „Lernens für das Leben". Zum anderen sind die gesellschaftlich akzeptierten Rollensets in ihrer Zahl erheblich erweitert und in ihrer inhaltlichen Gestaltung zunehmend „weich" geworden. Kindheit, Jugend und Ausbildung, Erwachsenendasein, Familiengründung und Berufsphase, Rentner- und Seniorendasein – aus den äußeren Merkmalen lässt sich nur noch ungefähr rückschließen auf die Selbstentwürfe, mit denen Menschen sich in eine durchflexibilisierte Gesellschaft einfügen. Pointiert formuliert: „Alter" und Lebensalter werden entkoppelt, Phasen – so sie denn überhaupt noch auszumachen sind – gedehnt.

Seit den achtziger Jahren hat sich der Begriff der *Bastelbiografie* zur Beschreibung moderner individueller Lebensgestaltungskonzepte durchgesetzt. Er markiert die Chancen und Risiken einer zur Selbstbestimmung verpflichtenden Vita im Kontext einer zunehmend unsteuerbaren Wirtschafts- und Gesellschaftsordnung. Konnte in der jungen Bundesrepublik Deutschland noch Arnold Gehlens Vorstellung, dass die Internalisierung von Rollenerwartungen eine brauchbare Grundlage für die Persönlichkeitsausbildung darstelle, als mehrheitsfähig gelten, so wird gegenwärtig eher die „flexible" Persönlichkeit als Erziehungs- und Bildungsnorm propagiert. Als Folge der gesellschaftlichen und ökonomischen Entwicklungen ist das Auftreten von Identitätskrisen auch nicht mehr auf die klassischen und sozial akzeptierten Lebensphasen (Pubertät, Midlife) beschränkt, sondern zu einer gleichsam endemischen Krankheit geworden (vgl. M. Meckel, Brief an mein Leben. Erfahrungen mit dem Burnout, Reinbek bei Hamburg 2010; vgl. R. Sennett, Der flexible Mensch. Die Kultur des neuen Kapitalismus, Berlin 2002).

Fraglich bleibt insgesamt, was die modernen „Identitätskonfiguratoren" (Elternhaus, Schule, soziale Medien etc.) leisten können, wenn es „wirklich ernst wird". Antworten auf die existenziellen Fragen nach dem Sinn des Lebens, nach den Gründen für Leid und Tod sind noch einmal zu unterscheiden von pädagogischen, psychologischen und soziologischen Fragen nach dem Selbst. Im Konzept des ersten Bausteins wird diese Differenzierung getroffen durch die Unterscheidung zwischen einer allgemeinen Einführung in die Identitätsproblematik einerseits und der Thematisierung der religiös-existenziellen Dimension der Persönlichkeitsbildung andererseits.

→ Arbeitsblätter 1–3, S. 27–30

Die gewählte Überschrift „Gibt es einen roten Faden in meinem Leben?" stellt nicht nur eine personale Variante der sonst eher geläufigen Themenangabe „Was ist der Mensch?" dar, sondern sie versucht, die Dynamik der Identitätssuche zu verdeutlichen und mithilfe der Materialien abzubilden. So wird das soziale und mediale Umfeld der Lernenden als ein Forschungsfeld erfahrbar gemacht, zugleich aber auch die Bedeutung der Introspektion und die Notwendigkeit der Auseinandersetzung mit Selbstentwürfen betont. Die Frage nach Gott hat genau hier ihren Ort und ihren Ausgangspunkt, soll sie nicht in ein ideologisches Fahrwasser geraten.

Aus theologischer Perspektive gilt es deshalb deutlich zu machen, dass Religion nicht *die* Antwort auf alle menschlichen Fragen ist; auch ist „Gott" nicht *die* Antwort auf alle Probleme der menschlichen Existenz. Die Erfahrungen mit Fundamentalisten oder auch säkularen „Überzeugungstätern" zeigen, dass die Pluralität nicht weltanschaulich negiert und schon gar nicht praktisch aufgehoben werden kann, ohne unmenschlich zu werden. Der Wert der Autobiografie von Esther Maria Magnis liegt gerade darin, dass die eigenen Ressentiments durch die Autorin immer wieder aufgedeckt und in einem stufenweisen „Bekehrungsprozess" angenommen werden. Unterhalb eines solchen Niveaus gibt es in der Moderne keine verantwortbare Spiritualität.

→ Arbeitsblätter 4–5, S. 31f.

Wer ist Erika Mustermann?

→ Arbeitsblatt 1, S. 27

Methodischer Kommentar

Das Material hat eine **Hinführungsfunktion**. Das Intergenerationengespräch schärft den Blick für die Kontingenz der eigenen Stellung in Raum und Zeit sowie für das Phänomen der „Alterskohorte". „Erika Mustermann" bildet mit ihrem Jahrgang so eben noch die Müttergeneration der derzeitigen Abiturienten ab. Die Wahl der weiblichen Variante des Passes begründet sich mit der Tatsache, dass mit dieser schärfere intergenerationelle Konturen sichtbar werden können als mit dem männlichen Biografiemuster. Aufgabe 3 beleuchtet das strategische Verhältnis von Innen und Außen. Obwohl der moderne Mensch Rollenmuster internalisiert und „kulturell uniformiert" ist, ist bei ihm doch das Bedürfnis vorhanden, als besonders und einmalig zu gelten. Auch Firmen, die anspruchsvolle Tätigkeiten anbieten, suchen in der Regel keine Funktionsträger, sondern Persönlichkeiten. Die didaktisch bedeutsame **Problem-Frage** könnte lauten: „Wer bin ich?" oder „Was macht eigentlich *einen* Menschen aus?".

Für die Erstellung eines Lebenslaufs der „Erika Mustermann" (Aufgabe 1) bieten sich zwei Möglichkeiten der **Erarbeitung** an: Das biografische Interview kann mit der Mutter oder einer Bekannten der Familie geführt werden. Typische Fragen nach Familienstand, Schulbildung, Herkommen, Konfession sollten ergänzt werden durch Fragen nach grundlegenden Wegmarken im Leben. Als Alternative können anhand von Geschichtsbuchdarstellungen fiktive Lebensläufe gestaltet werden im Stil einer „Forrest-Gump"-Collage. Gut wäre, beide Methoden zu verwenden.

Die Aufgabe 2 lässt sich als Gruppenergebnis darstellen (**Auswertung**), kann alternativ aber auch im Plenum gelöst werden, indem exemplarische Fälle besprochen werden. Wesentliche Daten (z. B. verheiratet, zwei Kinder, Realschulabschluss, Banklehre, Scheidung, Neuheirat, zurzeit Pflege der kranken Mutter) sollten zur **Sicherung** an der Tafel festgehalten werden, um einen Abgleich mit dem Rahmen der eigenen Sozialisation zu ermöglichen. Methodisch kann erwogen werden, ob nur ein Teil der Gruppe die Babyboomer-Generation befragt, ein anderer Teil die Großmutter-Generation; auf diese Weise kann ein Überblick über die Identitätskonstanten und -variablen in einem Zeitraum von sechzig Jahren erstellt werden. Gleiches gilt für die oben angesprochene Geschichtsbuch-Variante. Als methodische Erweiterung kann eine Selbstdarstellung in einem sozialen Netzwerk analysiert werden. Aufgabe 3 eröffnet **vertiefend** die Option, in Partnerschaftsportalen und sozialen Netzwerken zu recherchieren oder Bewerbungsunterlagen-Muster (z. B. aus Deutschbüchern der Sek. I) zu sichten etc.

→ Arbeitsblatt 2, S. 28

Wer bin ich?

Methodischer Kommentar

Das Arbeitsblatt (**selbstgesteuerte Auseinandersetzung**) wendet den Blick auf die eigene Identitätskonstruktion. Hier sollte die Lehrkraft die inhaltlichen und v.a. gestalterischen Interessen der Schüler berücksichtigen. Wenn die Anzeichen nicht täuschen, hat die Diskussion über Facebook zu einer neuen Wertschätzung der Privatsphäre beigetragen. Schon junge Menschen machen bittere Erfahrungen mit der „Tyrannei der Intimität" (Sennet), der Aufhebung der Grenze zwischen Arkanum und Öffentlichkeit. Das Posten von Bildern und Nachrichten kann zu Peinlichkeiten, das Mobbing im Netz zu Lebenskrisen führen.

Der Begriff des „virtuellen Zwillings" ist geeignet, der grundlegenden Differenz zwischen dem „eigenen Denken über sich selbst" und dem antizipierten „öffentlichen Denken über sich selbst" nachzugehen. Die Erfahrung, dass auch im eigenen Innern die Öffentlichkeit anwesend ist, sollte an einem Beispiel verdeutlicht werden. Hier bieten sich die sozialen Netzwerke als eine geeignete Quelle der Erkenntnis an. Vielleicht besteht die Möglichkeit, Selbstdarstellungen aus der Grundschulzeit heranzuziehen; häufig bewahren Eltern Relikte auf, die wechselnde Interessen und Moden spiegeln. Da hier Persönlichstes betroffen ist, können entwicklungspsychologische Grundkenntnisse zum Identitätsaufbau bzw. Identitätsumbau am eigenen Beispiel nachvollzogen werden.

Identitäts- und Persönlichkeitskonzepte im Vergleich

→ Arbeitsblatt 3, S. 29f.

Methodischer Kommentar

Das Arbeitsblatt (**fachliche Auseinandersetzung**) gibt einen Einblick in das Tableau der Identitäts- und Persönlichkeitstheorien. Eine theologische Position ist noch ausgeklammert worden, da sie an dieser Stelle allenfalls als Abstraktion einführbar wäre und damit auf einer anderen Ebene läge als die von konkreten Beobachtungen ausgehenden Modelle der Soziologie, Psychopathologie und Tiefenpsychologie. Die Übersicht wird wahrscheinlich die durch die vorstehenden Arbeitsblätter erarbeiteten Überlegungen weniger festigen als vielmehr den Blick für die Pluralität der Phänomene und die Mehrdimensionalität der Problematik weiten. Ein Blick in die Literaturliste des Deutschunterrichts könnte zusätzliche Impulse bereithalten (Max Frisch, Hermann Hesse etc.).

Es besteht die Möglichkeit, audiovisuelle Medien einzubinden. Die „Bourne-Trilogie" ist u. U. bekannt, „Taras Welten" wahrscheinlich weniger. Interessierte Schüler könnten den Plot der Filmhandlungen nacherzählen und exemplarische Sequenzen vorführen (Referat). Alternativ bietet es sich an, die Angaben zu den Filmen durch Umsetzungsideen zu ergänzen. Hinsichtlich der tiefenpsychologischen Persönlichkeitstheorien (Freud und Aufgabe 4) könnte sogar ein Filmskript in den Grundzügen skizziert werden. Eine arbeitsteilige Gruppenarbeit im Anschluss an die Lektüre des Arbeitsblattes wäre sinnvoll (**Zusammenführung**).

Ein Unterrichtsgespräch sollte in keinem Fall darauf verzichten, weitere mediale oder persönliche Erfahrungen mit den Inhalten dieser Konzepte zu diskutieren. Dabei sollte ein Rückbezug auf die Arbeitsblätter 1 und 2 bzw. die damit angestoßene Erkenntnisbildung vorgenommen werden.

Gibt es einen roten Faden in meinem Leben?

→ Arbeitsblatt 4, S. 31

Methodischer Kommentar

Das Arbeitsblatt stellt Esther Maria Magnis als Kronzeugin des Glaubens vor und ermöglicht einen problemorientierten und zugleich antizipierenden Vorgriff auf die Buchinhalte. Die Erwartungshaltung sollte durchaus explizit gemacht werden: Wie kann angesichts schwerer Schicksalsschläge das Leben weitergeführt und der Glaube aufrechterhalten werden? Was hat es mit dem eigenartigen Titel „Gott braucht dich nicht. Eine Bekehrung" auf sich?

Im Kontext des Bausteins geht es um die **Anwendung** von Kenntnissen. Deutlich wird das an der Wiederholung von Arbeitsschritten (Aufgaben 3 und 4). Inhaltlich führt das Arbeitsblatt weiter, indem zum einen die Denkfigur der „existenziell bedeutsamen Frage" eingeführt und zum anderen die „schon geklärte" Frage nach der Identität nun neu gestellt wird unter der Prämisse, dass Gott existiert.

Der Text des Arbeitsblattes dient als Grundinformation für die Schüler. Für die Dramaturgie wäre es allerdings ratsam, wenn die Lehrkraft Inhalt und Gehalt des Buches der Esther Maria Magnis selbst vorstellen könnte. Das Porträt der Autorin kann zum Anlass genommen werden, nach vergleichbaren Erfahrungen wie den geschilderten zu fragen. Auf die Aufgabe 5 kann verzichtet werden, wenn sie vom Gehalt her in den vorhergehenden Arbeitsgängen schon gelöst worden ist.

→ Arbeitsblatt 5, S. 32

Staunen und Dankbarkeit

 Methodischer Kommentar

Der Text kann als moderne Adaption der Psalmen 8 und 139 gelesen werden. Der ursprünglich im Gottesbeweis eingelagerte Aspekt des Staunens über die Harmonie des Universums wird von Hick mit dem Aspekt der prospektiven mathematischen Unwahrscheinlichkeit der eigenen Existenz, wie sie von der Physik mit Blick auf die Entwicklungsmöglichkeiten beim „Urknall" veranschaulicht wird, in Verbindung gebracht. Damit kommt das Fragen nach der eigenen Existenz, nach dem Sinn von Leid und Tod nicht zu einem Ende; als „Gottesbeweis" versteht auch Hick den Gedankengang nicht. Wohl aber darf gefolgert werden: Die Annahme, dass ein Gott jeden einzelnen Menschen wollte, ist nicht per se als unvernünftig einzustufen?

Der Text kann auch im Zusammenhang mit den Inhalten des Bausteins 3 eingesetzt werden. Dort müsste er sich anders befragen lassen. Am vorliegenden Platz besteht seine Funktion darin, den Zusammenhang zwischen Identität und Religion – im Sinne einer „kosmischen Gesamtschau" – vor dem Horizont modernen Denkens überhaupt erst einmal plausibel werden zu lassen. Das impliziert, Staunen und die Dankbarkeit als religiös relevante Dimensionen des Menschseins neu wahrzunehmen und zu etablieren. Insofern ist dieses Arbeitsblatt aus korrelationsdidaktischer Sicht bedeutsam. Zugleich stellt es eine Brücke dar zum Baustein 2 („Offenbarung").

Aufgabe 1 sollte keine Textzusammenfassung, sondern einen Nachvollzug des Gedankengangs einfordern. Nur so lässt sich der Erkenntnisweg rekonstruieren. Der Begriff „kosmologischer" bzw. „teleologischer Gottesbeweis" kann im Zusammenhang der Texterschließung genannt werden, der Schwerpunkt der Auseinandersetzung sollte aber im Bereich des Anthropologischen verbleiben. Die Aufgabe 2 **(Stellungnahme)** hat nicht die Bildung eines „Werturteils" zum Ziel, sondern die Prüfung der Sachgemäßheit eines solchen Vorgehens, wie es Hick an den Tag legt („Sachurteil").

Die Transformation der naturwissenschaftlich inspirierten Spekulation Hicks in ein Gebet (Aufgabe 3) **(Anwendung)** kann mit dem Hinweis verbunden werden, dass die Verfasser des alttestamentlichen Psalters „ähnlich gestimmt" gewesen sein mussten, wenn sie sich selbst als Teil des Kosmos empfanden. Für eine Binnendifferenzierung wäre es möglich, einer Teilgruppe einen Psalm (8 oder 139) oder ein Fragment eines solchen zur „Weiterverarbeitung" zur Verfügung zu stellen, um einen Vergleich zwischen einem biblischen „Gotteslob" und einem modern tastenden und „ergebnisoffenen" wissenschaftsbasierten „Hymnus" ziehen zu lassen. Hilfreich wäre es, die unterschiedlichen Gebetsformen (Lob, Dank, Bitte, Klage etc.) und Gebetsanlässe (Morgen-/ Abendgebet, Gottesdienst, Besinnung im Verlaufe des Tages etc.) vorab zu klären.

Wer ist Erika Mustermann?

Erika Mustermann ist der bekannteste Platzhaltername in Deutschland. Anders als die für Marktforschungen gängigen „Otto Normalverbraucher" oder „Lieschen Müller" findet er Verwendung in Formularen und Musterdokumenten staatlicher Behörden.
Über die Identität der „Erika Mustermann" ist wenig bekannt. Sie wechselte mehrfach den Wohnort und scheint nicht identisch zu sein mit älteren Personen gleichen (auch Geburts-)Namens.

1. Schreiben Sie einen Lebenslauf der Erika Mustermann. Als Hilfestellung können Sie die Biografie einer Ihnen bekannten Person ungefähr gleichen Alters heranziehen.

2. Vergleichen Sie die Viten miteinander und stellen Sie Gemeinsamkeiten und Unterschiede an der Tafel zusammen. Erklären Sie diese.

3. Erörtern Sie an einem Lösungsbeispiel aus der Gruppe, inwiefern der Zweck einer Darstellungsform (Bewerbung, Partnerschaftsanzeige, Autobiografie, Profil im sozialen Netzwerk, Gespräch beim Psychologen) die Inhalte bestimmt.

Wer bin ich?

Autobiografien werden in der Regel nur von „Promis" bzw. von Personen des öffentlichen und politischen Lebens geschrieben. Sie erzählen darin von ihrer Herkunft, rechtfertigen ihre Handlungsweisen und versuchen, ihr Bild in der Öffentlichkeit zu korrigieren. Seit der Einführung des Privatfernsehens in den 1980er-Jahren sind auch weniger bedeutsame Zeitgenossen, seit der Erfindung der sozialen Netzwerke potenziell jede und jeder in der Lage, die eigene Persönlichkeit einer größeren Öffentlichkeit zu präsentieren. Wie viel Wahrheit steckt in diesen Veröffentlichungen? Begegnen wir darin echten Menschen oder handelt es sich bei den Personen um „virtuelle Zwillinge"?

Meine Geschichte/Mein Porträt:

1. *Entwerfen Sie die Grundzüge einer eigenen Autobiografie. Gliedern Sie diese in Kapitel, wählen Sie persönliche Fotografien aus und schreiben Sie exemplarisch einen Abschnitt.*
Das hier vorliegende Arbeitsblatt stellt einen Platzhalter dar. Sie können den abgedruckten Kasten füllen oder eine größere Präsentationsfläche wählen. Ideen können Sie z. B. Ihrer Seite in einem sozialen Netzwerk entnehmen.

2. *Arbeiten Sie Gemeinsamkeiten und Unterschiede zwischen einem autobiografischen Aufriss und einer Darstellung in den sozialen Netzwerken heraus.*

3. *Erörtern Sie an einem Beispiel: Wie viel Wahrheit steckt in solchen Selbstdarstellungen?*

Identitäts- und Persönlichkeitskonzepte im Vergleich

Jason Bourne hat seine Erinnerung verloren. Mit Schüssen im Rücken und von Fischern aus dem Atlantik gezogen steht er vor einem Problem: Er leidet unter einer vollständigen Amnesie, d.h., er weiß nicht das Geringste von sich, nicht einmal seinen Namen kennt er. Ihm fällt allerdings auf, dass er über eine herausragende allgemeine und technische Intelligenz, eine schnelle analytische Auffassungsgabe sowie ungewöhnliche Kampftechniken verfügt. Ist er ein Agent, der in einem speziellen Programm zu einem Auftragskiller ausgebildet worden ist? Bald häufen sich die Anschläge auf sein Leben. Jeder andere scheint mehr über ihn zu wissen als er selbst.

Jason Bourne (Matt Damon) in „Die Bourne Identität", 2002

Die Bourne-Trilogie veranschaulicht, dass die eigene Identität sich nicht ohne ein soziales Netzwerk denken lässt. „Ich" ist „man" nur im Kontext von „du" und „ihr", von „er" und „sie" sowie in einem „wir". Aus dieser Erkenntnis leitet der Soziologe Arnold Gehlen (1904–1976) die Forderung ab, in modernen Gesellschaften der Ausbildung von Rollenidentitäten besondere Aufmerksamkeit zu schenken. Da der Mensch von Natur aus „instinktarm" sei, bedürfe er stabiler Institutionen (z.B. Familie, Staat, Kirche), welche mit klaren Anforderungen das Individuum formen, ihm gleichsam ein Gerüst geben. Gehlen behauptet: Institutionen formen und entlasten berechenbare, belastbare und verantwortungsbewusste Persönlichkeiten.

Oberflächlich betrachtet ist **Tara Gregson** eine typisch amerikanische Hausfrau und Mutter zweier Kinder. Aber in Taras Körper wohnt eine ganze „WG"; z.B. die aufreizende Jugendliche *T*, der Vietnam-Veteran *Buck*, die kindlich-kindische *Chicken*, die perfekte Hausfrau *Alice*, die mit allen anderen Ichs in Verbindung steht, und noch einige andere mehr.

Persönlichkeitstheorien gehören zu den bevorzugten Arbeitsfeldern der Psychologie. „Tara Gregsons" Beispiel veranschaulicht, dass die Zuordnung von Körper und Ich komplizierter ist als gemeinhin angenommen. Werden Menschen durch die Außenwelt (Erziehung, Gewalt) gezwungen, Persönlichkeitsanteile zu verleugnen (Verdrängung), können sich diese verselbständigen und ein „Eigenleben" führen, das dem Bewusstsein nicht mehr zugänglich ist. Wutausbrüche oder Niedergeschlagenheit sind weithin bekannte Gefühlsregungen, die Menschen plötzlich „überkommen". Während bestimmte Persönlichkeitsprofile wie Introvertiertheit und Zwanghaftigkeit als individuell kontrollierbar und sozial tolerabel gelten, gilt die multiple Persönlichkeitsstruktur hingegen als „krank" und therapiebedürftig.

Das bekannteste Konzept innerhalb der psychologischen Persönlichkeitstheorien hat Sigmund Freud (1856–1939) entworfen. Er sieht die menschliche

Seele durch drei Instanzen geprägt, die zueinander in einem Spannungsverhältnis stehen: Das unbewusste *Es*, das aus Trieben und verdrängten Persönlichkeitsanteilen besteht, das zum Teil bewusste *Über-Ich*, welches Ideale, Werte und gesellschaftliche Konventionen beinhaltet, und das *Ich*, welches mit Verstand den Herausforderungen der Außenwelt entgegentritt und dieses Außenverhältnis vereinbaren muss mit den eigenen (Trieb-)Wünschen und den Forderungen des Über-Ich. Gelingt dieses, ist der Mensch gesund; gelingt es nicht, gilt er als *neurotisch*.

Kann angesichts solcher Befunde und Interpretationen noch davon gesprochen werden, dass jedes Individuum eine *unverwechselbare Persönlichkeit* habe/sei? Oder steckt hinter dieser Begrifflichkeit eine naive romantische Vorstellung, nach welcher in jedem Menschen ein Bauplan angelegt ist, der auf Verwirklichung dränge?

Günter Nagel

Ich, Es, Über-Ich (Illustration von Heinrich Drescher)

1. Stellen Sie die beschriebenen Identitätskonzepte vor und vergleichen Sie deren Ansätze miteinander.

2. Interpretieren Sie die Karikatur zur Freudschen Trias. Erläutern Sie die Wirkweise von „Ich", „Es" und „Über-Ich" an einem anschaulichen Beispiel.

3. Prüfen Sie, ob Elemente der hier präsentierten Theorien in Ihre eigene Gestaltung (Arbeitsblatt 2) eingegangen sind.

4. Recherchieren Sie arbeitsteilig nach Begriffen, die Persönlichkeitsprofile erfassen (z. B. Introvertiertheit, Extrovertiertheit, Narzissmus, Schizoidie, Schizophrenie, Zwanghaftigkeit, Depressivität, Hysterie, phobischer Charakter). Präsentieren Sie das jeweilige Persönlichkeitsprofil anschaulich, u.U. mithilfe von Beispielen aus den Medien.

5. Diskutieren Sie: Sind anthropologische Kenntnisse aus dem Fachbereich Persönlichkeitstheorien hilfreich für die Bewältigung des Lebens? Ziehen Sie dabei auch ein persönliches Fazit.

Gibt es einen roten Faden in meinem Leben?

Was macht man mit einem Leben, das einen durchschüttelt? Wie viel an seelischem Leid kann man bewältigen, ohne dass man verrückt wird?

Esther Maria Magnis ist dreißig Jahre alt, als sie „ihr" Buch schreibt: *Gott braucht dich nicht. Eine Bekehrung.* Sie erzählt darin von ihrer Kindheit und Jugend in Ostwestfalen, von der Krankheit ihres Vaters und von dessen Krebstod – da ist sie siebzehn. Sie erzählt von der Verzweiflung, die in den Jahren danach Macht über sie gewinnt, von der Suche nach einem Sinn und einem festen Halt im Leben sowie vom Ungenügen an dem, was der gesellschaftliche Mainstream als Identifikationsangebote für „normale Menschen" bereithält. Sie schildert ihr Ringen mit dem Leben als ein Ringen mit Gott, von dessen Existenz sie seit frühester Kindheit überzeugt ist. Als sie wieder Boden unter den Füßen hat, schlägt das Schicksal erneut zu. Ihr geliebter Bruder Johannes bekommt die gleiche Diagnose wie der Vater: „Krebs – unheilbar!"

Esther Maria Magnis (© Paul Badde)

„Meine Not damals war so riesig. Und die Antworten zu billig."

Esther Maria Magnis ist überzeugt: Menschen machen es sich zu leicht, wenn sie die Fragen nach dem Sinn des menschlichen Daseins und die Sehnsucht nach dem Überdauern im Tod mit pseudowissenschaftlichem Vokabular abtun – als sei das für den aufgeklärten Menschen alles kein Thema mehr.

Und sie kritisiert die Kirche und den Religionsunterricht, welche die eigene Botschaft nicht mehr ernst zu nehmen scheinen und lieber „Rettet-die-Wale-Plakate" malen lassen, als tragfähige Antworten auf existenzielle Fragen anzubieten. Ein Glaube, der nicht ganz auf Gott setzt und von ihm Erlösung erwartet, taugt nichts – so das Credo eines ungewöhnlichen Buches. Passt solche Literatur noch in die Zeit?

Günter Nagel

1. Stellen Sie eine eigene Liste mit persönlich bedeutsamen Fragen zusammen.

2. Diskutieren Sie in Partner- oder Kleingruppenarbeit,
   a) welche der notierten Fragen beantwortet werden können,
   b) ob Religion, Glaube und Kirche für die Beantwortung der Fragen von Bedeutung sind.

3. Erörtern Sie, welche Umstände Sie veranlassen könnten, ein Buch über Ihr Leben zu schreiben. Greifen Sie auf eigene Ergebnisse aus den Aufgaben 1 und 2 zurück.

4. Entwickeln Sie unter Rückgriff auf die Ergebnisse der ersten Aufgaben eine mögliche Gliederung für das Buch von Esther Maria Magnis und bewerben Sie es im Plenum.

5. „Gibt es einen roten Faden in meinem Leben?" Entwickeln Sie eine Methode, mit der diese Frage beantwortet werden könnte.

Staunen und Dankbarkeit

John Hick: Religion. Die menschlichen Antworten auf die Frage nach Leben und Tod

Aber ob es nun eine oder viele Welten gibt – in beiden Fällen ist es gleichermaßen erstaunlich, dass wir ein Teil von ihr sind. Bei beiden Annahmen ist die Wahrscheinlichkeit für unsere gegenwärtige Exis-
5 tenz äußerst gering. Um nur ein relativ naheliegendes Glied aus der langen Kette von Unwahrscheinlichkeiten herauszugreifen: Damit ich jetzt existiere, mussten meine Eltern sich begegnen und mich zeugen. Dass gerade diese beiden Individuen aus der
10 Gesamtzahl ihrer Zeitgenossen im selben sozialen Milieu heirateten, ist statistisch äußerst unwahrscheinlich. Als sie mich jedoch zeugten, stieg die Unwahrscheinlichkeit noch um ein Millionenfaches. Der männliche Beitrag zur Empfängnis besteht aus
15 drei- bis sechshundert Millionen Samenzellen, von denen jede einen einzigartigen genetischen Code aufweist. […]
Die Wahrscheinlichkeit, dass ein Mensch gezeugt wird, der genau *ich* bin, ist damit schon unglaublich
20 gering. Dieselbe Rechnung gilt aber auch für meine beiden Eltern, für deren Eltern und Großeltern und Urgroßeltern und so weiter durch alle Generationen des menschlichen Lebens, wobei sich die Chance meiner eigenen gegenwärtigen Existenz auf jeder
25 Stufe immer weiter verringert. Die Wahrscheinlichkeit meiner jetzigen Existenz ist daher schon auf der Grundlage nur dieses einen Faktors der Vererbung verschwindend gering. Sie verringert sich aber noch mehr durch die Unwahrscheinlichkeit all der unzähligen anderen Bedingungen, die in jedem einzelnen 30 Augenblick notwendig waren, dass sich die ganze menschliche Geschichte genau so ereignete und davor die weitere Evolution des Lebens auf dieser Erde, davor die Bildung der Milchstraßen und unseres Sonnensystems und davor die ganze kosmische Ent- 35 wicklung des Weltalls bis zurück zum Urknall. Damit ist die Wahrscheinlichkeit, dass das einmalige Wesen, das *ich* bin, jetzt existiert, unvorstellbar gering. Es wäre eine groteske Untertreibung zu sagen, dass es Glück ist, dass ich jetzt lebe. Dieselbe Rechnung gilt 40 aber generell für alles und jedes auf der Welt. Wenn man für *jedes beliebige* Ereignis die davorliegenden Bedingungen betrachtet, die seine Unwahrscheinlichkeit nach rückwärts exponentiell ins Unendliche wachsen lassen, dann ist das Ereignis selbst unend- 45 lich unwahrscheinlich. Nun muss man sich aber darüber im Klaren sein, dass diese Unwahrscheinlichkeit rein spekulativ ist. […]
Das Bewusstsein für unseren zufälligen und unsicheren Platz im Gang der Dinge kann trotzdem einen 50 intellektuellen Schwindel auslösen. Es kann aber auch eine Empfindung der Dankbarkeit und Verantwortlichkeit angesichts der außerordentlichen Tatsache unserer Existenz wecken. Aus einem religiösen Standpunkt ist diese Reaktion angemessen. 55

John Hick, Religion. Die menschlichen Antworten auf die Frage nach Leben und Tod, Düsseldorf, Diederichs, 1996

---

1. Stellen Sie den Gedankengang dar und bringen Sie ihn mit der Überschrift in eine begründete Verbindung.

2. Arbeiten Sie den Stellenwert naturwissenschaftlicher Erkenntnisse für den religiösen Existenzentwurf Hicks heraus und beurteilen Sie dessen Vorgehen.

3. Formulieren Sie ein Dankgebet, das Hicks Überlegungen entspricht.

Baustein 2

Gottesoffenbarung am Meer

Ziele
- die Mehrdimensionalität von Wirklichkeit wahrnehmen, beschreiben und deuten
- den christlichen Offenbarungsbegriff als existenzielle Kategorie erläutern
- typische Bildmotive einer „verzauberten Welt" benennen
- die Eigenart christlich-romantischen Sehens bewerten

Methoden
- Deutung von bildlichen Darstellungen
- Streitgespräch
- Bildmeditation
- Placemat

Der Baustein eröffnet den Schülern einen reflektierten und personalen Zugang zum christlichen Offenbarungsbegriff. Er stellt eine Verbindung her zwischen der existenziell bedeutsamen Frage nach dem Selbst und der durch die Naturwissenschaften hervorgerufen eindimensional-materialistischen Weltsicht.

Sachanalyse

Die biblische Religion ist eine Offenbarungsreligion. Was heißt das? Zunächst einmal, dass der Mensch von Gott nichts wissen kann, wenn der verborgene Urgrund der Welt sich nicht zu „erkennen" gibt. Das ist ein entlastender Gedanke, liegt doch die Verantwortung für den Glauben nicht zuerst beim Menschen, sondern ganz bei Gott selbst. Der Glaube ist immer nur Antwort auf die Anrede Gottes, nie eigenmächtiger Zugriff auf Gott. Zugespitzt formuliert: Der suchende Mensch „macht sich Religion", um dem Geheimnis der Welt auf den Grund zu gehen. Dieses „Werk" bleibt allerdings von Projektionen durchzogen und gelangt ohne die zuvorkommende Handlung der anderen Seite Stückwerk. Allerdings ist der religionskonstruierende und symbolbildende Mensch nicht nur ein irrender Mensch, sondern in seinem Suchprozess immer auch schon bezogen auf Gottes Schöpfung. Insofern sind Religionen und die in ihnen angelegte „natürliche Gotteserkenntnis" auch theologisch werthaltig.

→ Arbeitsblatt 8, S. 43

→ Arbeitsblatt 9, S. 44

Das I. Vatikanische Konzil hat diesen Grundansatz festgehalten, wenn es zwischen zwei Formen von „Offenbarung" unterscheidet – einer „natürlichen", die allen Menschen aus den „geschaffenen Dingen" her zugänglich ist, und einer „übernatürlichen", die in einer besonderen Selbstmitteilung Gottes ergeht und in der biblischen Tradition vorliegt. Letztlich allerdings ist Jesus von Nazareth das Bild des verborgenen Gottes und damit Zentrum des christlichen Offenbarungsglaubens. Wer Gott „kennen" will, schaut auf Jesus von Nazareth. Nun ist diese Lehre von der „doppelten Offenbarung" nicht ganz unproblematisch für das moderne Verständnis von Erkenntnis und Welt. Zum einen setzt auch die sogenannte natürliche Gottesoffenbarung ein Vorverständnis von Gott als Schöpfer voraus. Zum anderen

→ Arbeitsblatt 6, S. 40

→ Arbeitsblatt 7, S. 41

wird die scholastische Unterscheidung zwischen „natürlich" und „übernatürlich" seit dem zwanzigsten Jahrhundert auch in der katholischen Theologie nicht mehr in der Form wiederholt, wie sie im 19. Jahrhundert vertreten wurde. Das hermeneutische Denken geht spätestens seit Kant, implizit jedoch schon in der Bibel davon aus, dass der die Offenbarung empfangende Mensch mit einer „Antenne" für Gottes Mitteilung ausgestattet sein muss. Diese Antenne kann aber nur die Signale empfangen, für die sie konstruiert ist. Im Kern ist Offenbarung also ein Thema der „Rezeptionsästhetik", nicht ein spekulatives Feld, das sich auf die Erkenntnis des „Senderwillens" bezieht. Eine Offenbarung als „reine Form" der Mitteilung Gottes ohne kulturelles und menschliches Bei*werk* gibt es nur in der Vorstellung von Fundamentalisten.

Der Glaube ist freilich etwas anderes als die Anerkenntnis der Möglichkeit, dass es Gott gibt, oder die Vermutung, dass ein Wesen existiert, das die Welt erschaffen hat. Glaube ist ein persönliches Wagnis im Sinne eines vertrauensvollen Ja zu einem personalen Gegenüber. Insofern kann Offenbarung nur adäquat als personale Kategorie verstanden werden, in welcher der mitgeteilte Inhalt nicht losgelöst von der Beziehung geglaubt werden kann. Diese theologische Grundwahrheit ist in der katholischen Dogmatik, insbesondere in der neoscholastischen des 19. Jahrhunderts, nicht selten latent geblieben. Glaube wurde hier primär sächlich verstanden, so als habe Gott durch Bibel und Lehramt den Menschen ein Paket mit extraterrestrischen Nachrichten und Sonderbotschaften übermittelt, die unabhängig vom personalen Glauben als „wahre Dinge in der Welt" existierten, so als handele es sich um physische Wahrheiten analog den mit naturwissenschaftlichen Methoden erkannten „Tatsachen".

→ Arbeitsblatt 8, S. 43

Wie kann das Verständnis von Offenbarung jungen Nichttheologen plausibel gemacht werden? In Baustein 2 wird mit Edward Schillebeeckx von „Disclosure-Erfahrungen" die Rede sein, also von Prozessen der Erschließung von mehrdimensionaler Wirklichkeit. In einer jedem Menschen „objektiv" zugänglichen „Welt" sieht ein betroffener bzw. ein „angesprochener" Mensch „mehr" als ein anderer. In der Bibel findet sich das Disclosure-Motiv an zahlreichen Stellen (vgl. Mk 15,39; Apg 9,1–9), der Moderne ist es aus der deutschen Romantik vertraut („Schläft ein Lied in allen Dingen"). Theologisch ist die Disclosure-Erfahrung die Grundlage für das Sprechen von „religiöser Erfahrung" und „existentieller Betroffenheit". Knapp und pointiert zusammengefasst: Offenbarung wird in diesem Baustein als ein versprachlichter Disclosure-Vorgang verstanden, in welchem die Selbstkundgabe Gottes und die Selbsterschließung des Menschen miteinander verknüpft sind. Ein solches Offenbarungsverständnis, das die anthropologische Wende berücksichtigt, bezieht sich weiterhin auf eine „objektiv vorgegebene" Welt; insofern handelt es sich beim Erkannten nicht „nur um Projektionen". Auf der anderen Seite sind der personale und der persönliche Anteil deutlich in das Disclosure-Offenbarungs-Geschehen eingefasst.

→ Arbeitsblatt 7, S. 41 f.

Um Missverständnisse zu vermeiden: Im Baustein 2 geht es nicht um einen dogmatisch umfassend reflektierten Offenbarungsbegriff, auch nicht um den Glauben der Kirche (Depositum fidei) als Antwort auf die Offenbarung Gottes insgesamt. Vielmehr geht es fundamentaltheologisch um die Plausibilisierung der von Esther Maria Magnis beschriebenen „Gotteserfahrung" eines Kindes als Beispiel für einen Modus moderner Zugänge zum Glauben.

→ Arbeitsblatt 6, S. 40

„Ich glaube nur an das, was ich sehe!"

 ### Methodischer Kommentar

Das Arbeitsblatt stellt im Rahmen der **Hinführung** einen **Zugang** zum Verständnis der Disclosure-Erfahrung der Esther Maria Magnis dar. Hier soll über die Problematisierung des „Sehens", die in der religiösen Tradition immer wieder eine Rolle spielt, zugleich die Vieldeutigkeit von Wirklichkeit ins Gespräch gebracht werden.

In der Zeichnung Manfred von Papens (Papan) wird die Frage nach der Grundlage des Glaubens aufgeworfen und eine szientistische Haltung („Blindheit", tastend, räumlich begrenzt) karikiert. Papan greift dabei einen bekannten Ausspruch auf, der das interpretative Element des Sehens vollkommen verkennt. Wirklichkeit ist nicht identisch mit dem, was man sieht („Bewegt sich die Sonne?"), sondern es ist das, was durch eine bestimmte Grundoption bzw. durch Kenntnisse von der Welt als Wirklichkeit identifiziert werden kann. Die Pointe liegt in der Umkehrung des landläufigen Verständnisses von Glauben und Sehen. Der Nichtglaubende ist blind. Hier könnte sich ein anregendes Streitgespräch entwickeln: Welcher Art ist das glaubende Sehen im Unterschied zum ungläubigen Sehen?

Die Gärtnerparabel von Anthony Flew kontert Papans Darstellung: Zwei Forscher begeben sich gemeinsam in ein „wissenschaftliches Experiment" hinein. Sie „sehen" eine Wirklichkeit, die sich nicht ändert und auch von beiden in gleicher Weise beschrieben wird. Die Forscher unterscheiden sich freilich in der Grundannahme dessen, wie das Gesehene „verstanden" werden kann. Der „Gläubige" ist derjenige, der immer neue Behauptungen aufstellt, die durch skurrile Versuchsaufbauten falsifiziert werden. Er muss deshalb zu immer ausgetüftelteren Differenzierungen seiner ursprünglichen Behauptung greifen. Der Leser wird dadurch auf die Seite des Skeptikers geschoben, dessen Schlusssatz er mit Überzeugung bejahen soll.

Faktisch zeichnet die Parabel den Erkenntnisfortschritt der Moderne nach, indem die Rücknahme ehemals mit dem göttlichen Handeln in Verbindung gebrachter Naturphänomene Schritt für Schritt nachgezeichnet wird. Zum anderen wird der sogenannte teleologische (physiko-theologische) Gottesbeweis ausgehebelt, welcher von der Ordnung der Dinge auf die ordnende Hand eines gestaltenden Schöpfers schließt. Dieses Flew-Modell wird erst dann infrage gestellt, wenn sich Menschen über die Beschreibung der äußeren Wirklichkeit nicht mehr einig sind. Dort beginnt das, was in der klassischen Terminologie „übernatürliche Offenbarung" genannt wird. Diese allerdings verändert das Verständnis dessen, was „natürlich" ist. Damit ist der Übergang zum folgenden Arbeitsblatt hergestellt.

Die im Rahmen des Lernprozesses bedeutsame **Problemstellung** kommt in Aufgabe 3 zum Ausdruck. Sie leitet die **selbstgesteuerte Auseinandersetzung** der Schüler an und schafft damit eine Folie für ein qualifiziertes Offenbarungsverständnis. Dabei weisen die Begriffe „erkennen" und „erfahren" schon auf die unterschiedlichen Akzentuierungen hinsichtlich der Gottesrede hin. Erkennen bezieht sich eher auf ein theologisch-philosophisches „Bemächtigen" der Gottesproblematik. Erfahren betont stärker den Ereigniascharakter, das Widerfahrnis.

Das Streitgespräch (Aufgabe 1) kann als paarweises im Plenum oder zu viert in einer Kleingruppe organisiert werden. Im letzteren Fall sollte allerdings durch einen Beobachter ein Ergebnisprotokoll angefertigt werden, da auf diese Weise ein Abgleich sowie eine Korrektur von Positionen erfolgen kann. Es dient der Abklärung von Vorannahmen bzgl. dessen, was eigentlich „Sehen" und „Erkennen" heißt; es verhindert zugleich ein vorschnelles und oberflächliches „Fertigwerden" mit der Karikatur. Die Begriffsklärung (der Atheist verneint die Existenz eines Gottes; der Agnostiker verneint die Möglichkeit, in Transzendenzfragen zu belastbaren Aussagen zu kommen; der Skeptiker zweifelt grundsätzlich alle Evidenzen an) gehört in das Vorfeld des Streitgesprächs und lässt didaktisch die Chance zu, die Angemessenheit der Begriffe mit Blick auf die Karikatur wie das Gesamtthema des Bausteins zu erörtern.

Als Impuls für das Streitgespräch bzw. die **Auswertung** aller Materialien eignet sich das Bonmot von Antoine de Saint-Exupéry („Das Wesentliche ist unsichtbar") oder die Frage, ob ein sichtbarer und lokalisierbarer „Gott" wünschenswert und noch Gott wäre.

Die Schülerlösung in Aufgabe 3 sollte mit einem Tafelbild abgeschlossen werden, damit der Unterschied zwischen Erkennen und Erfahren **gesichert** wird. Mit der Bearbeitung des folgenden Arbeitsblattes wird deutlich werden, dass in einem Disclosure-Vorgang letztlich beides zusammenfällt („Ich glaub, Gott ist voll nett.").

→ Arbeitsblatt 7, S. 41

Esther Maria Magnis: Gottesoffenbarung am Meer

Methodischer Kommentar

Edward Schillebeeckx hat die grundlegende Schwierigkeit, die mit dem Offenbarungsdenken in der Neuzeit, mit der Problematik der Korrelation von göttlicher Mitteilung und menschlicher Adaption sowie mit dem notwendigen Versprachlichungsprozess einhergeht, benannt (Christus und die Christen. Die Geschichte einer neuen Lebenspraxis, Freiburg-Basel-Wien 1977, 34–57). Mit Blick auf die von Esther Maria Magnis geschilderte Begebenheit lassen sich seine Anmerkungen konkretisieren. Dabei werden Textinhalt und Textstruktur so genommen wie vorliegend, wohl wissend, dass diese einem späteren Gestaltungsprozess unterlagen. Dieses ist allerdings ohnehin eine Eigenart der Verschriftlichung von Transzendenzerfahrungen – auch in der Bibel. Die Offenbarung ist nicht identisch mit der Textform und dem Textinhalt. Erfahrung und Offenbarung liegen „vor" dem Text. Der geglückte und manchmal auch missglückte menschliche Interpretationsprozess ist Teil der Offenbarungswiedergabe. Das impliziert auch: Die von Esther Maria Magnis geschilderte Begebenheit kann hier nicht „überprüft" werden. Es kann allenfalls aufgewiesen werden, dass Elemente der Erzählung theologischen Vorgaben und Überlegungen genügen.

Das *Widerfahrnis* ist nicht selbst produziert, sondern wird als Geschenk gedeutet. Mitten hinein in den Alltag und die umgebenden Dinge verwandelt sich die Welt ohne eigenes Zutun. Die Erzählerin nimmt sich als *angeblickt* wahr und „identifiziert" (interpretiert) das unsichtbare Gegenüber als „Gott". Diese Identifizierung kann sie deshalb vornehmen, weil sie einer *christlichen Erzählgemeinschaft zugehörig* ist. Außerhalb dieses kulturell vorgegebenen Erfahrungsraums lassen sich weder *diese* Erfahrungen machen noch dieselben *in dieser Form mit diesem Inhalt* versprachlichen. Der kulturelle Kontext konstruiert Offenbarungserfahrungen mit. Theologisch geredet: Gott lässt sich „entdecken" mithilfe des Vorstellungsrahmens, der Menschen zur Verfügung steht. Eine dichotomische Betrachtung solcher Erfahrungen („Hat sich Gott nun gezeigt oder nicht?") würde die Eigenart der Offenbarung als Begegnungsgeschehen gerade verfehlen. Auf die Ansprache („mein Name") folgt die Antwort der kleinen Esther Maria. Das *Responsorische* in der Offenbarung wird deutlich in dem gestammelten Gebet-Gedicht. Das Geschehen ergibt *Sinn*, kann eingeordnet werden und wird als *heilsam* empfunden. Deutlich wird das am „Evaluations-Dialog" mit der Schwester am Ende des Tages. Der Wert des Textes besteht nicht nur in seiner Anschaulichkeit, sondern auch in seiner Nachvollziehbarkeit. Das schließt nicht aus, dass Rückfragen und Zweifel hinsichtlich der Authenzität geäußert werden. Richtig ist: Die Möglichkeit, sich an ein solches Erlebnis zu erinnern, ist sicher nur deshalb möglich, weil es als grundlegende Erfahrung im Kontext mit dem eigenen Lebensvollzug bedeutsam geworden ist.

Das Arbeitsblatt kann je nach Unterrichtsgang als Verdeutlichung der **Problemstellung** oder erster Zugriff auf die **fachliche Auseinandersetzung** verwendet werden. Wichtig für die Texterschließung ist, die Offenbarungserfahrung der kleinen Esther Maria auf der Folie des bis dato von Gott Gehörten (Wildheit kontra Langeweile) zu sehen. Dieses Thema erinnert von Ferne an Hiobs Kniefall: „Vom Hörensagen nur hatte ich von dir vernommen, jetzt aber hat mein Auge dich geschaut" (Ijob 42,5). Für Schüler, die in einer ähnlichen Situation des „Hörensagens" stehen, kann sich von daher auch der Rahner-Satz erschließen: Christen der Zukunft werden Mystiker sein oder gar nicht. Wobei hinzugefügt werden muss, dass der Begriff Mystik in einem weiteren Sinn als „Begegnungserfahrung" verstanden werden muss, nicht im umgangssprachlichen Sinne als Summe von Meditationserlebnissen.

Im Kontext der Bearbeitung der Bausteine stellt die vorliegende Begebenheit eine Konkretisierung der von John Hick vorgeschlagenen „basisreligiösen" Anthropologie dar. Das Element der Verwunderung und des Staunens ist beiden Sichtweisen eigen; die Herausstellung der Bedeutung des personalen Gegenübers ist freilich bei Esther Maria Magnis expliziter gehalten.

Die Texterschließung dürfte in der gymnasialen Oberstufe keine syntaktisch-semantischen Probleme bereiten, trotzdem sollte der Sinnkontext durch die Lehrkraft geklärt werden: Mit welchem Ziel bearbeiten wir diesen Text? Um das Verweilen beim Wortlaut anzuregen, eignet sich die Frage, wie ein solches Erlebnis zu verfilmen sein könnte.

Offenbarung als „Disclosure-Erfahrung"

→ Arbeitsblatt 8, S. 43

Methodischer Kommentar

Welche der im Folgenden genannten theologischen Aspekte **(fachlich-theologische Auseinandersetzung)** von Offenbarung aus den Materialien herausgearbeitet werden können, muss die Lehrkraft entscheiden:
Gott selbst begegnet dem Menschen, stellt sich vor und gibt sein Wort. Der Inhalt der Offenbarung ist rückgebunden an diese *personale Begegnung*. Gott begegnet nicht wie ein Mensch, den man „ergreifen und festhalten" kann. Die *Verborgenheit* Gottes wird *in der Offenbarung* nicht aufgehoben. Die „Begegnung mit Gott" *verändert für den Menschen schlechthin alles*. Es ist ein Anruf und ein Aufruf, das bisherige Leben in einem anderen Licht zu sehen oder es gar hinter sich zu lassen. Der Anruf Gottes ist als *Erfahrung des Menschen* wahrnehmbar und formulierbar. Die Offenbarung zielt auf die *Befreiung des Menschen*, will sein Heil; dieses ist freilich nicht identisch mit dem „guten Leben" in der Philosophie oder mit „bürgerlichem Wohlstand". Die Begegnung mit dem Göttlichen ist nicht universalisierbar, sondern bleibt kontextbezogen und an einen klar umrissenen Adressatenkreis, häufig gar an einen Einzelnen gebunden. Insofern ist sie „subjektiv" und deutungsoffen. Die „draußen" müssen der Zeugenschaft des Angesprochenen vertrauen oder selbst Augen und Ohren offenhalten, um den *Kairos* nicht zu verpassen.

Chagalls expressionistisches Bild setzt das Geschehen in Ex 3 als Widerfahrnis mitten in der Welt in Szene und markiert doch das Außergewöhnliche des Offenbarungsereignisses. Rechts weidet das Mose anvertraute Vieh, links daneben ist mit nackten Füßen und an das Herz gelegten Händen der Offenbarungsempfänger zu sehen, noch weiter links, sich ihm zuneigend, ein eher als Laubbaum zu identifizierender Busch mit „Feuerzungen". Zeichen des Himmels sind das Tetragramm, der Engel und die Strahlen, die den Baum, den Mose und den intermediären Raum „treffen". Sind es „Antennen", die von Mose gen Himmel streben, oder sind es stützende Arme für den Auftrag des Mose? Ist die an das Herz gelegte Hand ein Zeichen für eine die Gesamtpersönlichkeit umkrempelnde Erfahrung oder ist sie Abwehrgeste: „Wer bin ich, dass ich zum Pharao gehe?" Chagalls Umsetzung der biblischen Szenerie unterstützt die Erkenntnis, dass nur eine Bildersprache in der Lage ist, ein Offenbarungsgeschehen zum Ausdruck zu bringen. Wie anders soll die Verwandlung der Welt versinnbildlicht werden? Das Bild Chagalls steht der Szenerie des „Offenbarungsvorgangs" bei Esther Maria Magnis recht nahe, was die Herausarbeitung von Parallelen nahelegt **(Zusammenführung und Sicherung)**.

Die Interpretation des Chagall-Bildes eignet sich gut dazu, sinnentnehmendes Lesen zu fördern, v.a. dann, wenn die Text-Bild-Zwiesprache in ein kreatives Arrangement eingebettet wird (Aufgabe 4). Wahlweise kann die Erschließung des Bibeltextes oder des Gemäldes vorangestellt werden. Die Sachkenntnisse aus der Mittelstufe reichen in der Regel aus, um die Kontextuierung der Moseerzählung im Rahmen des biblischen Gesamtpanoramas skizzieren zu lassen. U.U. muss dieses durch die Lehrkraft vorab dargestellt werden.

Die Bildmeditation sollte als Individualaufgabe verstanden werden; bei der Vorstellung der Lösungen reichen in der Regel zwei oder drei exemplarische Schülerarbeiten aus, um das darin sich äußernde Bibeltextverständnis sowie die Integration des Disclosure-Begriffs zu evaluieren. Sollte Zeitknappheit die Lösungen der Aufgaben 3 und 4 verhindern, kann die Aufgabe 5 (**Anwendung, Stellungnahme**) entweder mündlich oder schriftlich (Hausaufgabe) die Unterrichtssequenz beschließen.

→ **Arbeitsblatt 9, S. 44**

Romantik – Grundlage von religiösen Erfahrungen?

Methodischer Kommentar

Das Arbeitsblatt bildet im Rahmen der Sequenzkonstruktion die **Phase des Transfers** bzw. der **Stellungnahme** ab und stellt gleichzeitig eine Brücke zum folgenden Baustein 3 dar, der die Auseinandersetzung mit dem Naturalismus anleiten soll. Für die Einleitung in die Bearbeitung wäre es wichtig, den Begriff „Natur" zu klären:

- Natur als gestalteter Nahraum mit Flora und Fauna – das herkömmliche Naturverständnis bezieht sich in unseren Breitengraden in der Regel auf wohnsiedlungs- und industriefreie Kulturlandschaften.
- Natur als Gegenstand experimenteller Versuchsanordnungen in den Naturwissenschaften – hier kommt Natur in der Regel als zu untersuchender Teilaspekt in den Blick, wobei der Begriff überhaupt nicht verwendet wird.
- Natur als Synonym für das „Wesen" einer Sache – in diesem Sinne sprechen wir von der „Natur des Menschen" oder behaupten, etwas liege „in der Natur der Sache".
- Natur als Schöpfung im Sinne eines für Menschen von Gott gestalteten Lebensraumes – diese biblische Perspektive ist anthropozentrisch und auf das Heil des Menschen ausgerichtet („Lebenshaus"). Natur ist in diesem Kontext der theologische Oppositionsbegriff zum „Kampf ums Überleben", der in der darwinistischen Metaerzählung entfaltet wird.
- Natur als umgebende *Gesamtwirklichkeit*, in die der Mensch sich einordnen muss, will er glücklich werden („gemäß der Natur leben") – diese Sicht ist im Wesentlichen den fernöstlichen und den Naturreligionen eigen (zyklisches Denken) wie auch einzelnen Lebensphilosophien (z. B. Stoa).

Zum Verständnis und für die Erschließung des Bildes *Der Wanderer über dem Nebelmeer (1818)* von Caspar David Friedrich einige Hinweise:
Ein in der Bildmitte platzierter, dem Betrachter den Rücken darbietender Mann blickt in eine durch Wolken verhangene Szenerie, aus der zu seinen Füßen schroffe Felsspitzen herausragen und in der in der Ferne eine Gebirgslandschaft sich zeigt. Dazwischen platziert und nur andeutungsweise wahrnehmbar sind ein Wald und ein Weidekamm, die in der Mitte des Bildes von links und rechts herkommend zusammenfinden, aber von der Person an genau jener Stelle verdeckt werden. Darüber wölbt sich ein Himmel, der die Farbgebung von Nebel und Gebirge aufnimmt. Der „Wanderer" selbst, auf einem Felsvorsprung stehend, stützt sich mit dem linken Fuß gegen den Abgrund hin ab und gewinnt zusätzliche (freilich prekäre) Standsicherheit durch einen hangabwärts weisenden Stein. Das Haar ist zerzaust und deutet an, dass der Wanderer an dieser exponierten Stelle dem Wirken der Natur ausgesetzt

ist. Diese bietet sich in „Drittelportionen" (Himmel, Gebirge und Nebel, Felsen) dar, in welche die Figur des Wanderers hineinragt. Im Wanderer kann sich der Betrachter selbst abgebildet sehen; die Eindrücke und Gedanken der beiden Personen verschmelzen. Die durch Friedrich komponierte Landschaft ist vielen Menschen als Kulisse bekannt, die sehnsuchtsvollen Gedanken, die sich daran anknüpfen, ebenfalls.

Der „Wanderer" am „Abgrund" ist ein beliebtes (religiöses) Motiv der Romantik, letztlich ein Gleichnis des Menschen im Angesicht des Todes. Die geheimnisvolle Landschaft, die sichtbar, aber doch unerreichbar dahinter aufragt, ist ein Gleichnis für das, was nach dem Tode den Menschen erwartet. Mindestens für den frommen Protestanten Caspar David Friedrich wird man diese Deutung unterstellen dürfen.

Die Bildinterpretation kann an die Auswertung des Chagall-Gemäldes anknüpfen; bei Interesse kann in diesem Zusammenhang der Unterschied zwischen expressionistischer und naturalistischer Malerei erklärt werden. Freiwillige Recherchen zu romantischer Literatur, zur Biografie maßgeblicher Romantiker (evtl. Schleiermacher) bieten sich an.

Die Placemat-Methode eignet sich hier, um eigene und fremde Erfahrungen noch einmal bewusst zu machen und in einem ergebnisbezogenen Gespräch zu vermitteln. Bei Bedarf kann in die Anmoderation auf dem Papier-Tischdeckchen auch die Forderung nach einer abschließenden Gesamtbewertung romantischer „Transzendenzerfahrungen" aufgenommen werden.

„Ich glaube nur an das, was ich sehe!"

Antony Flew: Die Parabel vom Gärtner

Es waren einmal zwei Forscher, die stießen auf eine Lichtung im Dschungel, in der unter vielem Unkraut allerlei Blumen wuchsen. Da sagte der eine: „Ein Gärtner muss dieses Stück Land pflegen". Der andere widerspricht: „Es gibt keinen Gärtner." Sie schlagen daher ihre Zelte auf und stellen eine Wache auf. Kein Gärtner lässt sich jemals blicken. „Vielleicht ist es ein unsichtbarer Gärtner." Darauf ziehen sie einen Stacheldrahtzaun, setzen ihn unter Strom und patrouillieren mit Bluthunden. […]. Keine Schreie aber lassen je vermuten, dass ein Eindringling einen Schlag bekommen hätte. Keine Bewegung des Zauns verrät je einen unsichtbaren Kletterer. Die Bluthunde schlagen nie an. Doch der Gläubige ist immer noch nicht überzeugt: „Aber es gibt doch einen Gärtner, unsichtbar, unkörperlich und unempfindlich gegen elektrische Schläge, einen Gärtner, der nicht gewittert und gehört werden kann, einen Gärtner, der heimlich kommt, um sich um seinen geliebten Garten zu kümmern". Schließlich geht dem Skeptiker die Geduld aus: „Was bleibt eigentlich von deiner ursprünglichen Behauptung noch übrig? Wie unterscheidet sich denn das, was du einen unsichtbaren, unkörperlichen, ewig unfassbaren Gärtner nennst, von einem imaginären oder von überhaupt keinem Gärtner?"

Aus: Flew, Antony: Gleichnis, in: Theology and Falsification, in: Essays in Philosophical Theology, ed. Antony Flew/Alasdair MacIntyre, London 1955. Dt. in: Sprachlogik des Glaubens. Herausgegeben und übersetzt von Ingolf U. Dalferth, München, Chr. Kaiser, 1974, S. 84–87, hier S. 84f.

1. Stellen Sie die Pointe der Karikatur dar. Lassen Sie den Zeichner und einen Agnostiker, Skeptiker oder Atheisten in einem Streitgespräch aufeinandertreffen.

2. Erzählen Sie die Parabel vom Gärtner in eigenen Worten nach und stellen Sie einen Bezug zur Karikatur her. Antworten Sie auf die letzte Frage des Skeptikers.

3. Kann man Gott erkennen oder erfahren? Formulieren Sie ein(ig)e These(n).

Esther Maria Magnis: Gottesoffenbarung am Meer

Ich mochte Gott. In der Kirche war er mir oft langweilig, aber ich fand ihn grundsätzlich sehr interessant. Er schien etwas Wahnsinniges zu haben und etwas sehr Zartes.
Er hatte offenbar den wilden Johannes in der Wüste gerne, der wie ein Sittenstrolch halbnackt mit einem Kamelfell rumrannte und rumbrüllte und Heuschrecken kaute. Und er schien den ekelhaft verrückt Besessenen zu mögen, der vollkommen wahnsinnig war. Und er redete wild mit dem Teufel. Und er befahl wild dem wilden Meer. Und er blutete am Kreuz aus dem Kopf, aus dem Rücken und war übersät mit Dreck und Schlägen – das war alles sehr wild.
Manchmal hatte ich dann wieder das Gefühl, dass er eine Brille trug, einen Dutt und zusätzlich einen langen Bart und leer vor sich hin glotzte. Ich hörte von einem Pastor, dass Gott es nicht mochte, wenn Kinder sonntags, anstatt in die Messe zu gehen, lieber auf den Fußballplatz gingen. [...] Ich fand ihn dann einfach nur spießig und blöd. Nein, eher schlecht gelaunt, ja, das trifft es besser, aber solche Momente gingen vorbei, speicherten sich irgendwo ein, aber übertrafen nicht mein Interesse an ihm und meine Aufmerksamkeit, denn eigentlich und meistens fand ich ihn als Kind außergewöhnlich schön. Und außergewöhnlich freundlich. Und seltsam. [...]
Es gab einen Moment, ich war noch sehr klein, fünf oder sechs Jahre alt, als ich mir auf einmal sicher war, dass er da war. Ich glaube, dass meine Dankbarkeit über die Schönheit dieses Moments mich lange an ihn band.
Es war am Atlantik. In Spanien. Nachts. Ich war allein. [...]
Eben am Tisch war mir auf einmal das Meer eingefallen, das die ganze Zeit hinter der Mauer lag. Ich wollte sehen, was es alleine macht, ohne Badegäste, nachts [...]
Ich ging ein Stückchen, so weit, dass mich kein Laternenlicht mehr berührte.
Das Meer vor mir endete nicht in meinen rechten und linken Augenwinkeln. So weit war der Strand. Ich spazierte zu den Steinen, die mir bis zum Bauchnabel gingen, kletterte hinauf, ließ die Beine vorne runterbaumeln. Der Stein war warm. Aus dem Restaurant kam noch leise gedämpfte Musik. Spanische Musik und spanische Stimmen von Menschen, die erst um halb elf abends essen gehen.
Ich sah die großen Wellen in der Dunkelheit nur unscharf, aber ich hörte, wie sie in etwa hundert Metern Entfernung langsam gegen den Strand schnauften, sich in den Sand wälzten und dann wieder scharf die Luft einsogen, durch gespitzte Lippen. So klang das. Es gab kein Licht, nur den Mond auf dem Wasser, sehr weit hinten. Ich summte mich an den Ton vom Wellengeräusch heran und schaute auf die weite Fläche bis zu dem schmalen Streifen, weit weg, wo das Glänzen des Wassers endete und das Dunkel des Himmels begann. All. Ich weiß nicht, ob ich den Namen schon kannte. Während ich schaute, begann die Tiefe des Himmels, die sich durch die einzelnen Sterne darin andeutete, zu wachsen. Ich kannte nichts von dem. Die Wellen des Meeres wurden nicht leiser, aber das Rauschen nahm eine andere Richtung. Es führte nicht zu mir, zu meinem kleinen Platz auf den Steinen, sondern hinaus in die Weite. Die Felsen und das Meer, der Glanz auf der Wasserfläche, die Sterne und was hinter mir war, all dies lag dem zu Füßen, was aus der neuen Tiefe des Himmels sich beugte.
Ich fühlte mich wie ein unbeobachteter Teil dessen und fand es schön, und wartete und schaute, und hatte keine Ahnung, was eigentlich gerade geschah. In mir, ohne Konsonanten, ohne Vokale – mein Name.
Die Welt trat nicht zurück, aber ich trat aus ihr hervor. Mitten aus der Nacht, weil mein Name in mir nachklang. Die ganze Zeit. In einer Weise, in der ich nicht sprach.
Darin lag ein Ernst, liebevoll und gleichzeitig unbedingt. Kein Erwachsener hätte ein Kind je so angesehen. In dem Blick lag etwas, ich weiß nicht, wie man das beschreibt, etwas Aufrichtendes, was mir das Gefühl gab, mich selbst ernst nehmen zu müssen. Ein Wissen um mich, das ich nicht nachvollzog. Auffordernd und gleichzeitig zustimmend, gutheißend. Ich war so erstaunt, ich weiß nicht, wie lange ich dasaß. Und dann war ich mir auf einmal ziemlich sicher, und es platzte aus mir raus: „Ach, du bist Gott?" Das ist Gott? Das meinten die Erwachsenen, wenn sie von ihm sprachen? Und weil ich ihn so lieb fand in seiner Zuneigung, hob ich meine Hand vom warmen Stein und winkte ihm ein bisschen zu.
In meiner Dankbarkeit wollte ich ihm dann was schenken. Ich stand von den Steinen auf und dichtete ihm ein Gebet.
„Ich schlafe, ich träume, ich geh zur Ruh, lieber Gott, beschütz mich Du,
dass ich immer in Deinen Händen ..."
Und hier stockte ich, weil ich nicht wusste, wie ich es sagen sollte. „... dass ich immer in Deinen Händen auch den richtigen Weg soll ... den Weg kann finden ... muss finden." Ich scharwenzelte an den Steinen entlang, blieb stehen, sah noch mal über das Meer, schweifte mit dem Blick zum Horizont. Aber da glit-

zerte auf einmal nur noch Mondlicht, und die Wellen schnauften gegen den Strand. Gott war vorbei. Da war ich etwas enttäuscht. Und ich verstand es nicht. „Er hätte ja auch bleiben können", dachte ich. „Steffi?", zischelte ich flüsternd, als wir an dem Abend dann im Bett lagen. Sie schlief noch nicht. Mama war gerade aus dem Zimmer gegangen und hatte das Licht ausgemacht.
„Steffi?"
„Ja?"
„Ich glaub, Gott ist voll nett."
Sie schwieg erst.
„Wieso?"
„Der findet mich gut. Dich wahrscheinlich auch. Der ist voll nett, glaub ich."
„Ja", flüsterte sie zurück. „Glaub ich auch."

Esther Maria Magnis, Gott braucht dich nicht, Reinbek bei Hamburg, Rowohlt, 2012, S. 18–24

1. Erzählen Sie die im Text geschilderte „Gottesoffenbarung" nach und arbeiten Sie deren „Eigenheiten" heraus.

2. Erläutern Sie den Unterschied zwischen dem eigenen religiösen Erlebnis des Kindes und den Gottesgeschichten, welche die kleine Esther gehört hatte.

3. Diskutieren Sie: Wie verlässlich ist eine solche Erzählung? Wie verlässlich ist eine solche Erfahrung?

4. Formulieren Sie ausgehend von dem vorliegenden Text eine Definition von „Offenbarung". Berücksichtigen Sie dabei auch die eigenen Überlegungen zum vorhergehenden Arbeitsblatt.

Offenbarung als „Disclosure-Erfahrung"

Glaubenssprache oder religiöses Sprechen gründet auf einer Erfahrung besonderer Art. Darin liegt eine empirische Basis: Man erfährt Dinge, die allen zugänglich sind, aber manche erfahren darin (plötzlich oder allmählich) eine tiefere Dimension, die als solche nicht mehr objektivierbar ist und sich doch mittels dieser empirischen Erfahrungsgegebenheiten wirklich zu erkennen gibt: Es steckt in dem Phänomen mehr, als was sich offenkundig, rein empirisch oder direkt beschreibend erfahren lässt. […] Das ist eine „disclosure" (Erschließung; „Offenbarung"), die nicht bloß subjektiv ist. In registrierbaren Fakten erschließt sich so eine tiefere Wirklichkeit, wodurch der, der diese disclosure-Erfahrung erlebt, zugleich zu sich selbst kommt. Daher ist eine „Erschließungs"-Erfahrung nicht ein objektives Konstatieren, obwohl sie auf einen objektiven Appell zurückgeht. Außerdem hat sie eine katalysierende Wirkung, wodurch die „Offenbarung" die ganze Person, die diese disclosure erfährt, beansprucht (self-disclosure). Was sich auf diese Weise enthüllt, lässt sich nicht in objektivierbarer Sprache festlegen, sondern kann nur in evokativer Weise zum Ausdruck gebracht werden. […] Damit ist nicht geleugnet, dass es auch falsche, illusorische disclosure-Erfahrungen geben kann!

Edward Schillebeeckx, Jesus. Die Geschichte von einem Lebenden, Freiburg i. Br., Herder, 1985, S. 647

Marc Chagall, Der brennende Dornbusch, Öl auf Leinwand, 1966

Mose vor dem brennenden Dornbusch
Wie können religiöse Erfahrungen einzelner Menschen bzw. von Gruppen zur Sprache gebracht werden? In der Bibel sowie in der Kirchen- und Kunstgeschichte entschied man sich für bildhafte Sprachformen. Chagalls Interpretation der Offenbarung an Mose (Ex 3) gehört zu den bekannten modernen Varianten, die das Geheimnis der Begegnung von Gott und Mensch zu veranschaulichen suchen.

1. Umschreiben Sie mit eigenen Worten, was Schillebeeckx unter Disclosure-Erfahrung versteht.

2. Wenden Sie die Definition auf die Gärtner-Parabel von Flew (Arbeitsblatt 6) sowie auf die Erzählung von Esther Maria Magnis (Arbeitsblatt 7) an.

3. Arbeiten Sie aus Ex 3,1–15 die Ihrer Meinung nach wichtigsten Merkmale von Offenbarung heraus. Vergleichen Sie Ihre Analyse mit der Umsetzung durch Chagall.

4. Schreiben Sie aus der Sicht Chagalls eine kurze Bildmeditation: „Was mir persönlich wichtig war". Recherchieren Sie bei Bedarf nach einem Kurzporträt des jüdischen Malers.

5. Ist der Erfahrungsbericht von Esther Maria Magnis religiös wertvoll? Gehört er in ein Religionsbuch hinein? Kann er in einer Predigt verwendet werden? Entwerfen Sie eine begründete Stellungnahme zum Thema.

Romantik – Grundlage von religiösen Erfahrungen?

Caspar David Friedrich, Der Wanderer über dem Nebelmeer, Öl auf Leinwand, 1818

Der Wanderer über dem Nebelmeer von Caspar David Friedrich (1818) gilt als eines der bedeutendsten künstlerischen Exponate des romantischen Denkens in Deutschland. Die Natur wird bei Friedrich und seinen Zeitgenossen zum Gleichnis für das Gefühl bzw. die Seelenlage des Individuums. Naturerfahrung ermöglicht dem Menschen, das Gegebene zu „übersteigen" (lat.: transcendere; Transzendenz).

Die Romantiker haben sich um 1800 – in Abkehr von der Aufklärung – ganz bewusst wieder der Religion zugewandt, die sie als „Geschmack für das Unendliche" (Schleiermacher) definieren.

Das bald darauf einsetzende Technikzeitalter macht der „Romantisiererei" freilich ein Ende. Die Natur gilt seit der zweiten Hälfte des 19. Jahrhunderts in erster Linie als formbares Material, als Zusammenballung chemisch, biologisch und physikalisch erklärbarer Reaktionen. Auch die Religion muss seither „Fakten aufzeigen", wenn sie glaubhaft sein will.

Ist die Romantik eine „deutsche Affäre", eine für das Volk in der Mitte Europas typische Geisteshaltung, welche die harte Welt der Fakten künstlich und künstlerisch „wiederverzaubert"? Oder ist sie eine „Herangehensweise", die aufdeckt, was die naturwissenschaftliche Moderne, die überall nur die brutalen Gesetze der Evolution am Werk sieht, vergessen hat?

Die Fragen der Romantik an das Individuum sind geblieben: Ist der Mensch, was er isst? Oder ist er ein transzendierendes Wesen, das in der Lage ist, über die messbare Wirklichkeit hinaus Antworten auf den Sinn der eigenen Existenz zu finden? Gibt es vielleicht ein weltimmanentes-welttranszendentes personales Gegenüber, das sich in den Zeichen der Natur („symbolisch") mitteilt?

Ist ein symbolisches Verständnis der Natur auch Grundlage, um den Glaubenssatz der katholischen Kirche zu verstehen: „Gott, der Ursprung und das Ziel aller Dinge, kann mit dem natürlichen Licht der Vernunft aus den geschaffenen Dingen gewiss erkannt werden"?

Günter Nagel

1. Stellen Sie einen Zusammenhang her zwischen der theologischen Definition der Disclosure-Erfahrung und dem romantischen Blick auf die Welt.
2. Beschreiben und deuten Sie Caspar David Friedrichs Bild vor dem Hintergrund der hier diskutierten Problematik.
3. Besprechen Sie mithilfe der Placemat-Methode in der Kleingruppe eigene Naturerfahrungen und deren Bedeutung für Sie. Erstellen Sie anschließend ein summierendes Arbeitsergebnis.
4. Verfassen Sie eine kurze Stellungnahme zum Dogma von der „natürlichen Gotteserkenntnis".

Baustein 3

„Zigeuner am Rande des Universums"?

Ziele
- Modelle der Verhältnisbestimmung zwischen Naturwissenschaft und Theologie voneinander unterscheiden
- eine Verhältnisbestimmung von naturwissenschaftlichen Erkenntnissen und religiöser Weltsicht vornehmen
- Konsequenzen naturalistischer und religiöser Sichtweisen aufzeigen

Methoden
- Schreiben einer Meditation
- Rollenspiel
- Gestaltung einer Kampagne

Der Baustein behandelt Grundzüge des modernen atheistisch-naturalistischen Weltverständnisses und bietet theologische Antwortversuche an. Er stellt das Fundament für die Arbeit mit den Bausteinen 4–6 dar. Für diesen Baustein sollten mindestens vier Doppelstunden vorgesehen werden.

Sachanalyse

Die Theologie hat sich mit dem philosophischen Atheismus des 18. und 19. Jahrhunderts nach einigen Anlaufschwierigkeiten gut auseinandersetzen können; mit den durch die Naturwissenschaften geschaffenen Herausforderungen gelingt das nicht in gleicher Weise. Sinn und Zweckhaftigkeit einer „Weltordnung" werden grundlegend erschüttert, wenn Physiker, Chemiker und Biologen die Organisation der Materie als selbstlaufenden Prozess anschaulich vorstellen können und auch die Religion in dieses Paradigma als „natürlicher Überlebensvorteil" integriert werden kann. Ist eine neue Weltsicht erst einmal etabliert, richten sich die Rezeptoren neu aus. So kann von einem moralischen Charakter der „Schöpfung" in katechetischen und religionspädagogischen Kontexten kaum mehr unvoreingenommen gesprochen werden, wenn schon Kindern durch Tierdokus im Fernsehen die „Erbarmungslosigkeit der Natur" als zweckmäßig vor Augen geführt wird.

→ Arbeitsblatt 10, S. 49

So verwundert es denn auch nicht, dass die biblischen Schöpfungserzählungen auf den ersten Seiten der Bibel die am häufigsten verwendeten Texte des Religionsunterrichtes sind. Lehrkräfte spüren, dass an dieser Stelle Erklärungsbedarf in besonderer Weise besteht. Und so werden den Heranwachsenden über alle Schulstufen hinweg in den unterschiedlichsten Zusammenhängen literarische Gattung, religionsgeschichtliche Hintergründe, redaktionsgeschichtliche Absichten der beiden Dichtungen sowie moralische Konsequenzen, z. B. aus der Vorstellung von der Sonderstellung des Menschen und des Herrschaftsauftrags (Gen 1,26–28), deutlich gemacht – zumeist ohne bleibenden „Erfolg". Auch am Ende der Schulzeit kann es passieren, dass ein Abiturient als Essenz seiner Bibelkenntnisse betont, dem

Buch der Bücher könne „man nicht immer glauben", schließlich sei die Welt ja nicht in sieben Tagen erschaffen worden, wie jeder heute wisse.

→ Arbeitsblatt 11, S. 50

Es gelingt uns Lehrkräften offensichtlich nicht, die Eigenart der religiösen Weltsicht den Heranwachsenden auch nur in Ansätzen begreiflich, geschweige denn deren Legitimation plausibel zu machen. Die Deutungshoheit in grundlegenden Fragen des menschlichen Daseins ist an die MINT-Fächer übergegangen. Mit dem Darwinismus bzw. der Evolutionstheorie hat sich eine neue wirkmächtige moderne Metaerzählung herausgebildet, die im Unterschied zum Christentum sogar empirische Belege für ihren Wahrheitsanspruch geltend machen kann. Die naturwissenschaftliche Weltsicht degradiert demzufolge die religiösen Wahrheiten geradezu zwangsläufig zu einer minderen Form des Wissens, das allenfalls punktuell mit den Erkenntnissen der sogenannten „Faktendomänen" in Übereinstimmung gebracht werden kann. Die Konsequenzen für das Gottes- und Menschenbild werden denn auch mittlerweile nicht nur von vielen „Laien", sondern auch von bekannten Theologen in unterschiedlicher Schärfe gezogen (vgl. z. B. H. Halbfas, Glaubensverlust. Warum sich das Christentum neu erfinden muss, Ostfildern 2011).

→ Arbeitsblatt 12, S. 51 f.

Insofern steht nicht zu erwarten, dass die Arbeit mit dem Baustein 3 zu einer kognitiv nachhaltigen „Klärung" im Sinne der christlichen Theologie führen wird. Verzichtet wird darauf, die gesamte Diskussion, die sich mittlerweile in vielen Religionsbüchern und Themenheften findet, erneut abzubilden. Zusammengestellt sind Materialien, die eine Orientierung dahingehend anbieten, was bei dieser Diskussion auf dem Spiel steht. Es wird vorausgesetzt, dass agnostische und atheistische Konzepte im Großen und Ganzen von den Schülerinnen und Schülern mitgebracht werden. Deshalb kann der Akzent ganz auf die theologischen Erklärungsversuche gelegt werden. Dabei wird der Faden aus Baustein 2 weitergesponnen durch die Vorstellung des „Mehrschichtenmodells". Zwei andere Ansätze sekundieren: Das „Intelligent-Design"-Modell, das im Kern das Finalitätsargument des Thomas von Aquin entfaltet, und das prozesstheologische Modell, das seit Teilhard de Chardin die organische Verbindung zweier Wirklichkeitsebenen postuliert. In der deutschsprachigen Theologie, insofern sie sich theistisch versteht, hat sich das Mehrschichten-Denkmodell durchgesetzt. Die „Intelligent-Design"-Theorie stand vor einigen Jahren zwar kurz vor einer lehramtlichen Legitimation, da sie insbesondere konservativen Bischöfen plausibel erschien und eine Nähe zum Dogma von der „natürlichen Gotteserkenntnis" des I. Vatikanums aufweist; davon ist aber Abstand genommen worden.

→ Arbeitsblatt 10, S. 49

„Zigeuner am Rande des Universums"

Methodischer Kommentar

Ohne Religion wird der Mensch sich als ein zufälliges Wesen in den riesigen Weiten eines expandierenden Universums sehen. Ohne Religion wird er sich auf der Zeitachse als kontingentes Wesen verstehen, das sich für eine kurze Dauer auf einem kleinen Planeten festsetzen kann, aber so wie andere Lebewesen aussterben wird. Das Arbeitsblatt verschafft innerhalb der **Hinführung** zunächst einen **Zugang** zu diesem materialistischen Weltverständnis. Eigene Lösungsversuche hinsichtlich der Kontingenzproblematik sollen dabei durchgespielt werden, um nicht voreilig mit der Frage abzuschließen (Aufgabe 3). Im Anschluss daran kann in der Regel schon das **Problem formuliert** werden, dass die Bearbeitung des Bausteins strukturieren soll. Es bieten sich folgende Fragestellungen an: „Ist die Naturwissenschaft das Ende der Religion?" „Können Glaube und Naturwissenschaft nebeneinander existieren?" U.U. ist es möglich, die Fragen auch persönlicher zu formulieren: „Ist es für dich als Christin ein Problem, mit Erkenntnissen der Kosmologie oder der Biologie umzugehen?"

Für die „Meditation" (Aufgabe 2) sollten keine Auflagen, sondern eher Hilfen gegeben werden. Wenn sich die vorgegebene Karikatur nicht eignet, kann ein eigenes Bildbeispiel mitgebracht werden; vielleicht hilft eine Recherche auf den Homepages von Hobby-Astronomen (z. B. stern-fan.de).

Esther Maria Magnis: Ein peinliches Geschäftsessen

→ Arbeitsblatt 11, S. 50

Methodischer Kommentar

Esther Maria Magnis' Bericht über ein Abendessen bei ihren Eltern spiegelt die Dominanz des naturwissenschaftlichen Paradigmas insofern recht anschaulich wider, als der erwähnte Geschäftspartner des Vaters mit seinem Monolog die führende Rolle im Kreis der Anwesenden einzunehmen scheint. Allein die junge pubertierende Rebellin tritt in eine Opposition ein, die sich artikulieren muss. Esther Maria missbilligt nicht nur die „naturwissenschaftliche Philosophie", sondern v.a. die nicht in Rechnung gestellten Konsequenzen des naturalistischen Ansatzes. Wenn das Leben aus Zufällen besteht oder jede menschliche Lebensäußerung einschließlich der freien Wahl aufzuklären sei, was werde dann aus dem, was sie als Personwürde mehr „fühlt" denn philosophisch zu artikulieren weiß? Kann die Ehefrau des Naturalisten noch damit rechnen, dass sie um ihrer selbst willen geliebt wird? Oder ist es so, dass ein naturalistisches Glaubensbekenntnis eher als Partygeplauder einzuordnen ist? Die freche Reaktion der pubertierenden Esther Maria ist an dieser Stelle ausgespart worden, da sie als Spielszene gestaltet werden soll.

Im Rahmen des Lernprozessmodells kann die **Problemstellung** im Anschluss an die Textanalyse nachgeholt werden. Das Spiel (Aufgabe 1) leitet dann schon zur **selbstgesteuerten Auseinandersetzung** über und sollte deshalb auch hinreichend gewürdigt und ausgewertet werden (Aufgabe 2). Möglich ist aber auch, die Fragestellung an das Ende der Bearbeitung des Arbeitsblattes zu setzen. In diesem Fall könnten die Schüler die vorgegebene Szenerie weiterlaufen lassen: Esther befragt ihren Religionslehrer oder eine ältere Freundin nach einem Denkmodell, das Religion und naturwissenschaftliche Erkenntnisse vereint.

Naturwissenschaft und Religion – Theologische Modelle

→ Arbeitsblatt 12, S. 51f.

Methodischer Kommentar

Die drei Positionen **(fachlich-theologische Auseinandersetzung)** markieren drei vollkommen unterschiedliche Lösungen der wissenschaftstheoretischen Problematik. Es bietet sich deshalb an, alle drei Zugriffe an der Tafel nebeneinanderzustellen. Sollten sich aus den Schülerlösungen Ansätze herausschälen, die mit einer der Positionen ansatzweise korrespondieren, könnten diese auch im Gespräch herausgearbeitet werden. In diesem Fall kann auf die Lektüre eines der drei Texte verzichtet werden; damit wäre auch die Phase der **Zusammenführung und Sicherung** erreicht, die sonst mit dem Rückbezug zum Spiel (Aufgaben 2 und 3) erfolgt. Wichtig für die Entwicklung der Fachsprache ist, dass in allen weiterführenden Lösungen – auch zu Aufgabe 4 – die in den Texten vorkommenden Fachbegriffe verwendet werden.

Die Untersuchung der Religionsbücher gehört der Phase **Anwendung, Transfer, Stellungnahme** an. Sie kann zu einem eigenen Miniprojekt bzw. auch zu einer Klausurthemenstellung ausgebaut werden. Verbunden mit einer Anforderungssituation wäre die übliche klassische Aufgabenkonfiguration durchbrochen im Sinne der EPA-Gestaltungsaufgabe. Generell sollten die Schüler auch ihre eigene Position unabhängig von den Aufgaben artikulieren können. Insbesondere die von Zitelmann artikulierten Fragen lassen sich nicht von der Hand weisen. Kann auf ein personales Gottesverständnis wirklich verzichtet werden? Selbst Eugen Drewermann, der die klassische Dogmatik wie kaum ein anderer dekonstruiert, hält die Prozesstheologie für einen pantheistischen Irrweg.

→ Arbeitsblatt 13, S. 53

Werbung für den Atheismus?

Methodischer Kommentar

Das Arbeitsblatt bietet als Basis für die **Anwendung** und die **Stellungnahme** eine Reihe von methodischen Optionen. Grundlegend ist, dass die Selbstdarstellung der Aktivisten unter buskampagne.de ausgewertet wird (Auslöser, Anliegen, Darstellung der Christen im online verfügbaren Film etc.). Die in Aufgabe 3 geforderte Gestaltung kann auf das im Film der Aktivisten dargestellte Gegenprojekt Bezug nehmen; Änderungen können inhaltlicher oder ästhetischer Art sein. Für die Abschlussreflexion sollte der Spruch „Das muss jeder selbst entscheiden" verboten werden.

„Zigeuner am Rande des Universums"

Robert Gernhardt, Conditio humana

1. Beschreiben Sie die Karikatur und erklären Sie die damit veranschaulichte Problematik.

2. „Zigeuner am Rande des Universums"? Schreiben Sie eine kleine Meditation zu dem geflügelten Wort des Biologen und Nobelpreisträgers Jacques Monod (1910–1976).

3. „Papa, was hat Gott eigentlich gemacht, als er mit den Dinosauriern allein war? War ihm das ohne Menschen nicht langweilig?" (Leonie, 5 Jahre, zu Besuch in einem Museum)
Erproben Sie spielerisch mehrere Antworten auf Leonies Frage.

Esther Maria Magnis: Ein peinliches Geschäftsessen

Es war ja damals in den Achtzigern und Neunzigern, meiner Kindheit und Teenagerzeit, immer eleganter, nicht an Gott glauben zu können und dabei seufzend auf die eigene Wissenschaftlichkeit hinzuweisen. Ich erinnere mich, dass ich mir bei diesen Themen bei irgendwelchen Abendessen häufig doof vorkam, und manchmal schielte ich zu meinen Eltern und fragte mich, ob sich die ganzen Hobbybiologen am Tisch eigentlich still darüber einig waren, dass meine Eltern ein bisschen dümmer waren als sie, weil sie in die Kirche gingen. Einmal eskalierte das. Bei einem Geschäftsessen mit meinem Vater, als zum ersten Mal diese Wut in mir aufkam, die ich dann nach Papas Tod den Älteren gegenüber noch stärker verspürte. [...]

Die Frauen dufteten nach Parfüm an jenem Abend, die Männer nach Rasierwasser, und etwas später lächelten von Rotwein und Zigarrenqualm leicht blau gefärbte Zähne. Da sich beruflich alle gut kannten und der geschäftliche Teil des Essens wohl darin bestanden hatte, sich gegenseitig zu bestätigen, dass man sich noch gewogen sei, gingen die Gespräche bald wie üblich von Wirtschaft über Politik zu Gesellschaft und Kunst und dann zur Religion, was sich eigentlich nicht gehört, aber so war's.

Und ich erinnere mich ganz deutlich an einen dieser Männer, der zurückgelehnt in seinem Stuhl saß, leicht graue Haare, sehr groß, ein bisschen dick, um die sechzig, die blauen Zähne habe ich schon erwähnt, und immer wieder zog er an seiner Zigarre, während die anderen der Gesellschaft über Gott sprachen.

Ich weiß nicht mehr, was der Auslöser für seinen Monolog war, aber ich weiß, wovon er gesprochen hat. Über Theorien: über den Urknall, über die Evolution, dass der Mensch ein hochentwickeltes Tier sei und so weiter. Es war nicht dieses ordinäre Geschwätz, das man sonst oft hört. Dieser Mann klang gut. [...] Er hatte sich mit seiner Weltanschauung tiefer auseinandergesetzt. Er klang souverän. Alle hörten aufmerksam zu, seine Frau saß ein bisschen stolz neben ihm, er machte sich breit. Es ging dann um die Beweisbarkeit Gottes und dass, eben weil niemand ihn beweisen könne, dieser Mann es dumm fände, an die menschliche Seele, noch dazu an deren Unsterblichkeit, noch dazu an einen Gott zu glauben. Das sei wissenschaftlich alles bald erklärbar. Er sagte es überzeugt und sicher – weltmännisch. [...]

Ich erinnere mich, dass ich mich geschämt habe für ihn damals, weil ich ihn so dumm fand. Weil ich dachte, dass das meiste, was wir Menschen für Wissen halten, der Glaube an vorläufige Erkenntnisse ist. Es ärgerte mich, dass er so tat, als wäre alles klar. Und ich wurde sauer. Weil er mit seinem gönnerhaften, selbstgefälligen Geplauder über die Niedrigkeit und Unbedeutendheit des Menschen als Bio-Zufall außerdem jemanden kleinmachte, der neben ihm saß – seine Frau. Und die lächelte auch noch stolz und weinselig und raffte nicht, was da gerade gesagt wurde. Mein Herz schlug mir bis gegen die Zungenwurzel. Ich schluckte aufgeregt. [...]

Esther Maria Magnis, Gott braucht dich nicht, Reinbek bei Hamburg, Rowohlt, 2012, S. 120ff.

---

1. Spielen Sie die Szene nach. Lassen Sie auch die fünfzehnjährige Esther Maria auftreten und zeigen Sie ihre Reaktion auf den Monolog des Mannes.
- Bilden Sie Gruppen und arbeiten Sie die einzelnen Rollen inhaltlich aus.
- Skizzieren Sie den Verlauf und das Ende der Szene.
- Spielen Sie die Szene dann im Plenum vor.

2. Werten Sie in einem Vergleich die Spielhandlungen hinsichtlich des Verlaufs und der Überzeugungskraft der einzelnen Personen aus.

Naturwissenschaft und Religion – Theologische Modelle

„Intelligent Design": Bis weit ins 19. Jahrhundert hinein gingen Philosophen und Wissenschaftler davon aus, die Komplexität und Funktionalität der Lebewesen verrate die Hand eines göttlichen Schöpfers. [...] Einer [der] [...] populärsten Verfechter war der anglikanische Geistliche und Gelehrte William Paley. 1802 legte er dar, dass wir die Existenz Gottes von der Beobachtung der Natur ableiten können. Man nennt diese Strömung daher auch Naturtheologie. Angenommen, argumentiert Paley, man stößt auf einem Feld mit dem Fuß gegen einen Stein. Man wird sich dann nicht die Frage stellen, wie der Stein dorthin kam und wie er entstanden ist. Anders verhält es sich, wenn man auf dem Feld eine Taschenuhr findet. Denn eine Uhr setzt jemanden voraus, der sie hergestellt hat. Jeder Entwurf setzt einen Entwerfer voraus. Wie viel mehr gelte dies, meint Paley, für die Lebewesen, denen wir auf dem Feld begegnen. Noch der einfachste Organismus sei um ein Vielfaches komplexer als eine noch so kunstvoll gestaltete Uhr. Nur ein intelligenter Schöpfer könne die vielfältigen Lebewesen entworfen haben, sie könnten nicht durch Zufall entstanden sein.

Paley und andere Vertreter der Naturtheologie führen gern als Beispiel das Auge an, dessen wunderbare Konstruktion nur den Schluss zulasse, dass ihr ein Plan zugrunde liegt. Wie alle Wirbeltiere besitzt der Mensch kameraähnliche Augen mit allem, was dazugehört: Linse (Hornhaut), Blende (Pupille), Auslöser (Augenlid) und lichtempfindliches Material (Netzhaut). [...] Paley war der Ansicht, solche hochkomplexen Organe wie das Auge könnten nicht mir nichts, dir nichts entstanden sein. [...] (Als „komplex" bezeichnet man ein organisiertes, funktionstüchtiges „System", das aus mehreren, genau aufeinander abgestimmten Komponenten besteht.)

Chris Buskes, Evolutionär denken. Darwins Einfluss auf unser Weltbild, übers. von Herbert Post und Christiane Kuby, Darmstadt, Primus Verlag, 2008

„Gott im Prozess": Wäre das Leben im Kosmos wirklich bloß Singular, nur auf unseren Planeten beschränkt, entlarvte sich Theologie als die verzweifelte, aber eben illusionäre Anstrengung der Menschheit, ihre eigene Zufälligkeit zu verleugnen. Aber ich fürchte, die Theologie macht sich nicht mit hinreichender Klarheit deutlich, dass sie mit ihren Denkmustern naiver Weise oder doch stillschweigend immer noch einem geozentrischen und dann überdies noch anthropozentrischen Weltbild verhaftet bleibt. Ein längst überholtes, obsolet gewordenes Weltbild, das Gott für das Planetenstäubchen Erde beschlagnahmt und ihn dort auch wieder dann nur für intelligente Zweibeiner exklusiv zuständig sein lässt.

Nun, die Prozesstheologie bewegt sich jenseits von solchen Absurditäten. Wie die Mose-Schar auf dem Marsch durch die Wüste der Feuersäule Jahwes folgte, so sieht die Prozesstheologie Gott als Zug- und Schubkraft den ganzen kosmischen Prozess durchdringen. Unter seiner Anziehungskraft gestaltet sich die Materie immer beziehungsreicher, also komplexer, bis sie schließlich beginnt, sich selbst zu steuern und zu organisieren. Die Geschichte des Kosmos stellt sich der Prozesstheologie sozusagen als ein Lernvorgang, als offener Lernprozess dar, dessen Ziel es ist, die eigene Entwicklung, seine Geschichte, selbst zu steuern und zu bestimmen. Und an diesem universalen Lernprozess hat alles teil, von den Elementarteilchen über die singenden Wale bis hin zum menschlichen Bewusstsein. Alles überschreitet, transzendiert sich, entwirft sich nach vorn, angezogen von der Zukunft Gottes, der die Schöpfung geschaffen hat, um sie in sich zu vollenden.

Gott kommt also im kosmischen Prozess sozusagen die Aufgabe eines Entwicklungshelfers zu. [...] Noch zugespitzter formuliert, sieht also die Prozesstheologie in der kosmischen Evolution ein emanzipatorisches Interesse vorgegeben, womit die Natur selbst der Befreiung, dem Mündigwerden des Menschen entgegenkommt. [...] Die biologische Evolution, die wir mit Darwins Namen verbinden, wird weiter nach vorn getragen durch die Bewusstseinsevolution: Aus dem Konkurrenzprinzip der Natur wird das Kommunikationsprinzip der Geschwisterlichkeit. Ein neuer Evolutionshorizont taucht am Zeithorizont auf. Religionen bilden neue Evolutionshorizonte, speziell PAULUS sieht das so. Für ihn ist Christus, in unsere Sprache übersetzt, der Vorläufer einer neuen Bewusstseinsevolution, oder, wie PAULUS es sagt, Erstgeborener einer neuen Menschheit.

Nun ist es vermutlich gar nicht so einfach, das antike Stockwerkdenken aus dem Kopf loszuwerden. [...] Kein Wunder, denn es kommt unserer Sehnsucht nach Geborgenheit und Schutz so bequem entgegen. Nicht anders haben wir ja als Kleinkinder auch unsere Eltern, Vater und Mutter, erlebt, riesengroß, allmächtig, allwissend und allgegenwärtig, eben als höhere Wesen. Darum fällt der Abschied von der antiken Gottesvorstellung uns auch so schwer. Denn sich von dem Bild des über uns thronenden Gottes zu trennen, bedeutet zugleich Abschied von der Kindheit.

Lässt aber nicht dieser, von der Prozesstheologie anvisierte Wechsel, von dem Gott im Raum zu einem

Gott in der Zeit unsere emotionalen Interessen unbefriedigt? Unser Bedürfnis, uns mit unseren personalen Gefühlen bei Gott lassen zu können? Ein Gott, welcher uns durch die Zeit als Zukunft entgegenkommt, der hat doch offenbar auch kein menschliches Gesicht mehr. Oder könnte man denn etwa zum Beispiel zu ihm beten?

Arnulf Zitelmann, Wenn Affen beten oder Ein kleines ABC der Prozesstheologie. Nach DE, Feb. 1995 und dem Manuskript des Autors

„Schichtentheorie der Wirklichkeit": Die Wirklichkeit hat [...] mehrere Schichten, Ebenen, Dimensionen; sie erfordert deswegen mehrere, einander ergänzende Auslegungsweisen oder Lesarten. [...] Wenn z. B. jemand sagt, eine Flöten-Melodie von Mozart, das seien nur Schallwellen, ein lebender Organismus (z. B. ein Pfau) sei nur eine hydraulische Maschine, so hat er rein physikalisch gesehen Recht. Aber damit ist die Wirklichkeit der Melodie bzw. des Organismus nicht entfernt erfasst. Was hat man schon von einem Gemälde Tizians erfasst, wenn man es physikalisch-chemisch analysiert (außer vielleicht, woher die Leuchtkraft der Farben rührt), was vom Sternenhimmel und Weltall, wenn man sie auf eine mathematisch-physikalische Gleichung bringt? [...]

Physik z. B. befasst sich mit den Struktur- und Baugesetzen, die auf der untersten, basalen Ebene sozusagen als Grammatik oder Klaviatur für alle Welt-Wirklichkeit gelten. [...] Das ist der Sockel, auf dem alles Welthafte aufbaut und steht, ohne diesen Sockel gibt es gar nichts in der Welt. Aber was auf diesem Sockel dann steht, was sich warum nach diesen Gesetzen auf einer höheren Ebene bildet – z. B. auf der biologischen oder psychischen Ebene – und was es für uns (oder für andere Lebewesen) bedeutet, das kann Physik nicht sagen. Sie kann also nicht sagen, was auf dieser Klaviatur dann gespielt wird, in welcher Weise sie auf einer höheren Ebene verwendet wird; das entscheidet sich vielmehr auf dieser höheren – biologischen, psychischen, mentalen – Ebene von den dort gemachten Entwürfen und Ideen her [...] Im Vergleich gesprochen: Das Klavierstück bildet den maßgebenden Rahmen dafür, wie die Klaviatur, mit der man ja ganz Verschiedenes machen kann, verwendet wird. (Natürlich kann man auf der Klaviatur planlos herumklimpern und sehen, was dabei herauskommt; aber das ist etwas anderes.) Deshalb sind alle Phänomen-Erklärungen rein von unten her [...] unzureichend und bedürfen der Ergänzung durch Erklärungen vom übergeordneten Rahmen her.

Alle empirisch prüfbaren Phänomene, einschließlich psychischer und religiöser Regungen (deren Korrelate im Gehirn messbar sind), können auch naturwissenschaftlich beschrieben („erklärt") werden, ohne dass damit alles erklärt wäre; jede derartige Erklärung ist nur ein möglicher Zugang zur Wirklichkeit, erfasst nur eine Sorte von Aspekten an ihr, ist also keine vollständige Erklärung der Phänomene. Das Gleiche gilt auch für theologische Erklärungen, auch sie sind keine vollständigen Erklärungen. Jeder All-Erklärungsanspruch – gleichgültig von welcher Seite er kommt, ob von Theologen oder von Evolutionsbiologen – ist eine Selbst- und Fremdtäuschung.

Hans Kessler, Evolution und Schöpfung in neuer Sicht, Butzon & Bercker, Kevelaer, 2009

1. Stellen Sie die drei Theorien unter Bezug auf die Überschriften im Plenum vor.
   - Fertigen Sie dafür jeweils eine aussagekräftige Skizze an.
   - Stellen Sie an der Tafel die Unterschiede dar.

2. Prüfen Sie, welche der hier dargestellten Positionen in Ihrem Rollenspiel (Arbeitsblatt 11) ansatzweise aufgetaucht ist.

3. Gestalten Sie das Gespräch des vorangegangenen Arbeitsblattes mithilfe einer der hier dargestellten Positionen neu.

4. Prüfen Sie die Ihnen zugänglichen Religionsbücher der Sekundarstufe I: Sind sie geeignet, die Fragen von Esther Maria zu klären bzw. ihr Verstehenshilfen zu geben?

Werbung für den Atheismus?

In zahlreichen Ländern der Welt machen Aktivisten in ungewöhnlicher Form Werbung für den Atheismus.
„Es gibt (mit an Sicherheit grenzender Wahrscheinlichkeit) keinen Gott" – so sind die Busse plakatiert, die durch Städte wie London, Berlin und Madrid fahren und Menschen zu Rundtouren einladen. Die Kampagne soll den vermeintlich zu starken Einfluss der Religionen und der Kirchen im öffentlichen Leben eindämmen.

Mit Lesungen und Vorträgen während der Stadtrundfahrten werden die Mitfahrer über die „Unlogik der Religionen" aufgeklärt. Auf Websites wie *gottlosgluecklich.de* und *buskampagne.de* können Interessierte sich über weitere Aktionen der Aktivisten informieren, die für eine Sicht auf die Welt eintreten, die ohne „absurde Spekulationen" auskommt.

> „Mitten im Europa des 21. Jahrhunderts erleben wir solche Eruptionen einer ‚Frömmigkeit wider besseres Wissen'. Als Nichtgläubige empfinden wir das als rückschrittlich, anmaßend und gefährlich. Es sollte klar sein: Für zwischenmenschliche Werte ist kein Gottesglaube notwendig, Solidarität und Nächstenliebe haben ihren Ursprung im natürlichen Verhalten des Menschen.
> Zu viele moderne Werte mussten gegen die Religionen errungen werden: Demokratie und Gleichberechtigung, Meinungs- und Pressefreiheit, die Freiheit von Wissenschaft und Kunst, das Verbot von Folter und Todesstrafe, Minderheitenschutz und Toleranz gegenüber Andersdenkenden."
> www.buskampagne.de

1. Recherchieren Sie auf den angegebenen Websites nach weiteren Aktionen und Inhalten der atheistischen Kampagne und stellen Sie diese in der Klasse dar.
2. Prüfen Sie anhand Ihres eigenen Umfeldes und an den Medien, ob die These zutrifft, dass Kirchen und Religionen über einen zu starken Einfluss verfügen.
3. Stellen Sie sich vor, Sie arbeiten in einer Marketing-Firma und werden von den beiden großen Kirchen gebeten, eine Gegenkampagne zu entwerfen. Planen Sie in kleinen Gruppen originelle Kampagnen.
Erörtern Sie Slogans, Objekte, Aktionsformen etc. und präsentieren Sie einen Vorabentwurf in der Klasse.
4. Nehmen Sie begründet Stellung: Sind Glaube und Unglaube ein Thema für den öffentlichen Streit?

Baustein 4

Hilft Beten gegen Krebs?

Ziele
- sich mit der Verhältnisbestimmung von Glaube und Naturwissenschaft an einem existenziell bedeutsamen Beispiel auseinandersetzen
- die Bedeutung des Wunderglaubens für Religiosität, Glaube und die eigene Existenz bestimmen
- den Sinn des Gebetes darlegen

Methoden
- Methodische Auswertung von theologischen Texten
- Streitgespräch
- Internetrecherche
- Filmanalyse und Erstellung eines Filmexposés

Der Baustein führt die vorangegangenen paradigmatischen Überlegungen in stärker elementarisiert-existenzieller Form weiter. Er verknüpft zwei Themenstellungen, die unterrichtlich zumeist getrennt erschlossen werden – das Gebet und das Wunder. Für den modernen am Output orientierten Menschen, insbesondere auch für die an Klärung interessierten Jugendlichen gehören beide Aspekte in der Regel zusammen: Hilft Gott, wenn man ihn darum bittet? Die meisten Gebete Heranwachsender dürften Bittgebete sein, immer auch den Gedanken einschließend: Worin könnte sich die Existenz Gottes besser erweisen als in der wirkmächtigen Rettung aus Not?

Sachanalyse

→ Arbeitsblatt 14, S. 60

Theologen zucken angesichts dieser Erwartungshaltung zusammen. Sie kennen die Rede vom Wunder als „des Glaubens liebstes Kind" (Goethe, Faust I) und wissen zugleich, dass die auf uns gekommenen biblischen Texte die eingangs erwähnte „Beweislast" nicht zu tragen vermögen. Insofern hat sich bei ihnen eine gewisse Not in der Rede vom Wunder herausgebildet; nicht jeder möchte die Entschiedenheit Bultmanns („Man kann nicht einen Radioapparat benutzen und gleichzeitig an die Geister- und Wunderwelt des Neuen Testaments glauben") an den Tag legen, gleichzeitig aber auch supranaturalistischen Deutungen keinen Kredit mehr einräumen. Zu schwer wiegt mittlerweile das naturwissenschaftliche Paradigma, zu schwer aber auch die historische Last des Aberglaubens, die beim Thema Wunder in Gestalt von Gottesurteilen und Reliquienkult mitschwingt.

In der biblischen Forschung hatte sich seit der formgeschichtlichen Epoche vor einem Jahrhundert der Ansatz durchgesetzt, nicht mehr von den berichteten Wundern auszugehen, sondern von den Wundergeschichten und diese entweder als Propagandainstrument („Verkündigungsabsicht") der frühen Christenheit oder als gecoverte Geschichten innerhalb des biblischen Zeichenkosmos (Altes Testament) zu betrachten. Die seit den fünfziger Jahren des 20. Jahrhunderts erfolgte Konzentration auf die Redaktionsgeschichte konnte bruchlos an die formgeschichtliche Wundergeschichteninterpretation anknüpfen. Mit Gerd Theißens sozialgeschichtlichen Studien seit den siebziger Jahren des 20. Jahrhunderts hat sich die Lage insofern etwas verändert, als nun der soziale Kontext des Wunderglaubens genauer in den Blick genommen wird („Besessenheit als soziales Konstrukt") und die grundsätzliche Möglichkeit erwogen wird, dass in der Antike „schamanisches Wissen" wirksam gewesen sein könnte, das heute verloren gegangen ist. Allerdings werden solche „ethnomedizinischen Hinweise" selten konkretisiert; sie dienen in der Regel ebenso wie der Verweis auf „Placebo-Effekte" eher kontradiktorisch einem vagen Offenhalten der Frage, ob auch Jesus über außergewöhnliche Kräfte verfügte. An einen konkreten Nachweis trauen sich Exegeten nicht heran.

Mit Blick auf die Intentionalität werden Wundergeschichten in erster Linie als „Protest- und Hoffnungsgeschichten" vorgestellt. Dies liegt ganz in der Konsequenz der biblischen Hermeneutik und scheint auch als Enttäuschungsprophylaxe zu dienen gegen unziemliche Überforderungen des Textbefundes. Für Vermittlungskontexte wird auf die „Imaginationskraft" der Wundergeschichten gesetzt als „elementare Lern-, Bildungs- und Lebens-Mittel gegen alle (Erwachsenen-)Starrheit", wobei unklar bleibt, inwiefern Harry-Potter-Geschichten oder „Superman" Selbiges nicht auch bewerkstelligen können.

Entwicklungspsychologisch gesehen kann eine Wundergeschichte ab einem bestimmten Alter nur befremden. In Parallelisierung zu den Gebetserwartungen von Menschen kann festgestellt werden: Je stärker das Zutrauen zur Leistungsfähigkeit der eigenen Zivilisation und der eigenen Person ist, umso weniger wird eine Beschäftigung mit Wundergeschichten, umso weniger auch die Gebetshaltung als sinnvoll erachtet. Erst jenseits der Grenze zur „zweiten Naivität" relativiert sich die mit dem Wunder-Glauben einhergehende Frage nach der „Erfüllung von Wünschen". Diese neue Sicht auf die Dinge, die v.a. in theologischen Handbüchern zu finden ist, stellt sich im Jugendalter und bei der Mehrheit der Erwachsenen nicht ein – das ist das Dilemma der Didaktik in diesem Feld. In den Schulbüchern finden sich zumeist thematische Zugriffe, die auf die innere Einstellung der hörenden Menschen bzw. auf deren Person-Umwelt-Relation abzielen; etwa wenn Blindheit und Gekrümmtheit nicht als physische, sondern als psychische Probleme in den Blick genommen werden. Hier ist die Möglichkeit der Übertragbarkeit in aktuelle Kontexte hergestellt und nicht selten appellativ zugespitzt („Mit offenen Augen und selbstbewusst durch die Welt gehen").

→ Arbeitsblatt 16a, S. 63

Es verwundert vor diesem Hintergrund nicht, wenn auch in der Gebetsdidaktik die Dimension der „Bitte um Unmögliches" weitgehend ausgeklammert wird. Wo nicht ohnehin die Reflexion auf das, was der Mensch selbst tun kann, im Vordergrund steht (hier fungiert das Gebet als Anlass zur Selbstbesinnung, der Satz Jesu „Dein Glaube hat dir geholfen" als Legitimation), liegt die Zielstellung aufgeklärter Religiosität in der Vaterunser-Bitte „Dein Wille geschehe!". Theologisch mag das nicht falsch sein, lässt aber doch einen schalen Geschmack zurück. Darf die Furcht vor einer enttäuschten Erwartungshaltung dahin führen, die eigenen Wünsche und Sehnsüchte nach Heil und Heilung zu zensieren? Dass Beten kein Ersatz für das Lernen vor einer Klassenarbeit darstellt, wissen Jugendliche in der Regel genauso gut, wie sie die prekäre Moral mancher ihrer Wünsche kennen. Aber heißt das automatisch, nur noch auf Sparflamme zu hoffen – auch in den wichtigsten Dingen des Lebens? Im Kontext des vorliegenden Buches findet sich eine „Lösung" erst in der Bearbeitung des siebten Bausteines. Sie ist überzeugend, aber streng personal-individuell.

→ Arbeitsblatt 16c, S. 65f.

→ Arbeitsblatt 31, S. 111f.

→ Arbeitsblatt 14, S. 60

Fragebogen zum Thema Wunder/Wundergeschichten

 Methodischer Kommentar

Der **Zugang** zum Thema erfolgt über sprachliche und Phänomen-Beobachtungen. Der Fragebogen verhilft dabei zum Abgleich des implizit mitgebrachten wissenschaftstheoretischen oder religiösen Vorstellungsrahmens bzw. zu einer Klärung und Differenzierung des Wunderbegriffs. Dabei sollten die Korrelationen, die im Fragebogen angelegt sind (z. B. zwischen den Items 2, 8, 14, 16), zur Sprache gebracht und auf ihre implizite Logik hin befragt werden. Der erste Teil der Aufgabe 2 eignet sich auch als vorbereitende **Hausaufgabe**, in der Stunde könnte die Untersuchung erfolgen. Es ist möglich, den Fragebogen am Ende der Sequenz erneut vorzulegen und auf Veränderungen im Abstimmungsverhalten hin untersuchen zu lassen. Die Veränderungen sollten begründet werden.

→ Arbeitsblatt 15, S. 61 f.

Esther Maria Magnis: Hilft Beten gegen Krebs?

 Methodischer Kommentar

Wie die neuere Wunder- und Gebetsdidaktik bei Schülern wirkt, kommt eindrucksvoll und verstörend zum Ausdruck in Esther Maria Magnis' Bericht über ein „Dachbodengebet" für den an Krebs erkrankten Vater. Sie beschreibt sarkastisch eine Religionspädagogik, die nicht mehr wirklich mit Gottes Allmacht rechnet, die Wundergeschichten Jesu rationalistisch wegerklärt und damit existenzielle Erfahrungen und Zugänge zur Gottheit gleich mit verbaut. Mag vieles daran auch den modernen Religionsunterricht nicht wirklich treffen, der Stachel scheint trotzdem tief zu sitzen und den Wahrnehmungsmodus auch noch der erwachsenen Esther Maria zu prägen. Der Hinweis auf den „kleinen Priesteramtskandidaten", den sie „vor ein paar Jahren" sarkastisch angegangen sei, markiert nämlich eine jüngere Handlungsschiene als das „Dachbodengebet" und sie scheint generell eine entmythisierende Didaktik für existenziell unverantwortlich zu halten.

Der Text ist anrührend und nachvollziehbar gestaltet worden. Er legt nach einer persönlichen Einschätzung des Geschilderten durch die Schüler die Möglichkeit offen, die Skizzierung von Gebetspraxis und des Wunderbegriffs als „Forschungsanliegen" zunächst einmal an die Lernenden weiterzureichen (**selbstgesteuerte Auseinandersetzung** in den Aufgaben 2 und 3). Aufgabe 3 wird deutlich machen, wie schwer es ist, sowohl Gebetswirkungen zu belegen als auch zu widerlegen. Die **Problemstellung** der Überschrift („Hilft Beten gegen Krebs?") kann als sequenzverklammernde Frage übernommen oder entsprechend den Ergebnissen aus der Beschäftigung mit dem vorhergehenden Arbeitsblatt abgeändert werden. Sie sollte nach der Lösung von Aufgabe 1 oder Aufgabe 2 eingeführt werden.

→ Arbeitsblatt 16a, S. 63

Wer betet wie? Stufen des religiösen Denkens und religiöser Praxis

 Methodischer Kommentar

Der Sachtext bildet den inhaltlichen Anker des ersten Teils der **fachlich angeleiteten Auseinandersetzung**. Dabei geht es zunächst einmal nicht um Theologie, sondern um eine systematische religionspsychologische Erfassung und Einordnung der Schülerbeobachtungen. Der Text ist in Anlehnung an die Ausführungen von Vreni Merz (vgl. Katechetische Blätter 2007, 182–186) gestaltet worden und nimmt Thesen zur Entwicklung des religiösen Urteils von Oser/Gmünder auf. Eine orientierende, wenngleich nicht im Einzelnen einzufordernde Lösung der Aufgabe 1 könnte u. U. folgendermaßen aussehen:

Urteils-stufen	menschliches Selbstverständnis	Verständnis von Gott	(religiöse) Praxis des Menschen
Stufe 1	geborgen, ohnmächtig, ausgeliefert	allmächtig, allwissend, gütig	Bitte, Vertrauen
Stufe 2	handlungsfähig, zielorientiert	allmächtig, bestrafend, belohnend	Opfer, Ritual, Wohlverhalten
Stufe 3	selbstbestimmt, eigenverantwortlich	distanziert, uninteressiert	Skepsis, Kritik, „Irrationales" Gottvertrauen in Kontingenzsituationen
Stufe 4	selbstbestimmt, eigenverantwortlich im Kontext eines unterstützenden Systems, z. B. Familie, Gesellschaft, Politik	ermöglicht, begleitet menschliches Handeln	Dank, soziales Engagement
Stufe 5	Erleben der „Einheit mit dem Göttlichen", Aufhebung der Trennung von heilig und profan, Gott und Welt, Ich und Du		Selbstaufgabe, Erleuchtung, Mystik

Um Missverständnissen vorzubeugen: Der Islam ist nicht der ersten, das Christentum der vierten und der Buddhismus der letzten Stufe zuzuordnen. Die großen Religionen umgreifen in der Regel alle religionspsychologischen Kategorien. Es lässt sich allenfalls sagen, dass zeitbedingt das idealtypische Profil einer Religion einer Stufe entspricht.

Die Aufgaben 2 und 3 **führen zusammen** und **sichern** den Befund. Aufgabe 3 eignet sich als **Hausaufgabe**. Dabei sollte der Hinweis gegeben werden, dass die Verknüpfung von Gebetshaltungen und Gebetsinhalten im Fokus steht. Inwieweit Material aus asiatischen und afrikanischen „Stammesreligionen" Berücksichtigung finden soll, muss je nach Umstand entschieden werden.

Fürbittegebete – ein Forschungsreport

→ Arbeitsblatt 16b, S. 64

Methodischer Kommentar

Der Forschungsreport bildet den inhaltlichen Anker des zweiten Teils der **fachlich angeleiteten Auseinandersetzung**. Auch hier geht es nicht primär um Theologie, sondern um das Verhältnis zwischen der methodischen und empirischen Außenseite bei der Gewinnung von Erkenntnissen einerseits und der religiösen Innenseite von Gebet und Heilung andererseits. Die Aufgaben 2 und 3 dienen der **Sicherung und Zusammenführung** von Erkenntnissen („Placebo-Effekt"; Probleme methodisch transparenter Erkenntnisgewinnung). Eine persönlich gehaltene **Stellungnahme** (Aufgabe 4) sollte den nichttheologischen Teil abschließen. Sie lässt die kategoriale Unterscheidung von Wissenschaft und Existenz erkennen und u.U. auch die Beschreibung von „Notsituationen" zu. Die Lehrkraft achtet darauf, dass die neuen Erkenntnisse inhaltlich und begrifflich angemessen berücksichtigt werden.

Wunder – eine theologische Kontroverse

→ Arbeitsblatt 16c, S. 65

Methodischer Kommentar

Aus der umfangreichen Literatur sind zwei produktive und „fromme" theologische Texte ausgewählt worden, die auf der Linie eines personalen Gottesverständnisses liegen. Dabei geht der katholische Erwachsenenkatechismus in einer historisch angelegten Gedankenführung davon aus, dass die Allmacht Gottes prinzipiell zu jedem „Wunder" in der Lage ist. Nicht behauptet wird jedoch, dass jede Wundergeschichte wörtlich genommen werden muss. Der Text Eugen Drewermanns ist von den Schülern nicht unbedingt als Gegenentwurf zum Katechismus-Text zu lesen, sondern eher als existenzielle Entsprechung und Ergänzung. Im Kern enthält er freilich bereits alle Einsichten, die kurze Zeit später zum Zerwürfnis mit dem katholischen Lehramt führen werden.

Das Arbeitsblatt ist im Rahmen des Lernprozesses zunächst der Stufe der **fachlich theologischen Auseinandersetzung** zuzuordnen, wobei diesmal die religiöse Dimension in den Blick genommen wird. Aufgabe 2 dient der methodisch angeleiteten Texterschließung. Diese beinhaltet nicht nur den Blick auf den Wortlaut, sondern auch den Blick auf die Akzentsetzung bzw. auf das, was nicht gesagt wird. Hier bedarf es der Unterstützung durch die Lehrkraft. Sinnvolle Kategorien, die sich aus der bisherigen Arbeit anbieten, könnten sein: Existenzielle, historische oder naturwissenschaftliche Dimension der Welterschließung; christologisch-biblische oder existenzielle Priorität in der Gedankenführung; sprachlich-distanzierte oder mit persönlichen Erfahrungen ausgestattete „Beweisführung" etc.

Die Aufgabe 3 dient der **Zusammenführung und Sicherung**. Das (Streit-)Gespräch sollte durch die Erstellung von Rollenkarten in Kleingruppen vorbereitet werden. Es bietet sich an, den Bericht aus Arbeitsblatt 11 noch einmal zu Rate zu ziehen und den dort skizzierten Geschäftspartner des Vaters auftreten zu lassen. Eine kritische Auswertung des Rollenspiels könnte bereits eine eigene **Stellungnahme** zum Gesamtkomplex des Bausteins 5 beinhalten.

→ Arbeitsblatt 17, S. 67

Lourdes – Hoffnungsort oder religiöser Rummelplatz?

Methodischer Kommentar

Das Arbeitsblatt schließt die Unterrichtssequenz ab, indem es eine **Anwendung des Wissens** bzw. eine **Stellungnahme** einfordert. Schüler können sich bei wikipedia, kathpedia oder im ökumenischen Heiligenlexikon Basisinformationen zu Lourdes und Bernadette Soubirous holen. Für Lehrkräfte empfehlenswert ist die psychologisierende Biografie von Patrick Dondelinger oder der Roman von Franz Werfel. Die Internetrecherche führt auch zu Darstellungen, die konkrete Interpretationen zu einzelnen Heilungen anbieten.

Mit Blick auf die Ergebnisse wäre erstens wichtig zu erkennen, dass Heilungen und (kirchlich anerkannte) Wunder begrifflich-inhaltlich auseinandergehalten werden müssen. Zum zweiten bleibt naturgemäß ein breites Feld von Phänomenen, das auch von Medizinern nur mit Theorien ausgefüllt werden kann. Nicht jede Medizineräußerung ist „wissenschaftliche Klärung". Drittens beinhaltet „Lourdes" nicht die Feststellung, dass eine gestoppte oder geheilte Krankheit später nicht wieder ausbrechen kann. Überhaupt bleibt fraglich, ob die persönliche Begegnung mit dem Heiligen in den Kategorien von „Nachweisbarkeit" und „Nachhaltigkeit" geklärt werden kann. Und letztendlich ist fraglich, ob das dichotomische Denken („Handeln Gottes oder medizinisch erklärbar"), das in vielen Berichten zum Ausdruck kommt, überhaupt theologisch sinnvoll ist. Denn letztlich handelt Gott theologisch gesehen durch die sogenannten Zweitursachen.

Bei der Gestaltung des Filmexposés sollte darauf geachtet werden, dass die Schüler die existenzielle Ebene ebenso im Blick haben wie die Dramaturgie der Filmhandlung. Da filmisches Erzählen im Deutschunterricht der gymnasialen Oberstufe zu einem Unterrichtthema geworden ist, finden sich in den einschlägigen Lehrbüchern viele sinnvolle Hilfestellungen zur Analyse und Gestaltung von Filmhandlungen.

Fridolin Stier: Vielleicht ist irgendwo Tag (Klausur)

→ Zusatzmaterial 1, S. 68

Methodischer Kommentar

Der **Klausur**vorschlag berücksichtigt auf einem mittleren Anforderungsniveau die Problemstellung und die Inhalte der Bausteine 4 und 5. Der Text liegt inhaltlich auf der Linie der Aufzeichnungen von Esther Maria Magnis (Arbeitsblatt 15) und ist gattungsmäßig zumindest mit denselben verwandt. Den Zusammenhang von Leiderfahrung und Gebetshoffnung auf der einen Seite und (frustrierender) Erkenntnis der unerbittlichen Kausalität der Weltmaschine auf der anderen Seite können die Schüler aufzeigen. Ebenso dass der Glaube (und der Mensch?) nicht verzichten kann auf das große „Dennoch" des Gebetes sowie auf die Wahrnehmung des Schreies der Kreatur in der Schöpfung, die manchmal oder häufig wie eine „Baracke des Universums" erscheint. Sehr gute Schüler werden die Überschrift *Vielleicht ist irgendwo Tag* in die Deutung (Aufgabe 2) aufnehmen.

Die Leitlinien (Aufgabe 3) müssen den skizzierten Problemzusammenhang ebenso berücksichtigen wie die in den Bausteinen 4 und 5 verwendete Fachbegrifflichkeit (Materialismus, Atheismus, Fürbitten etc.). Gut wären Hinweise auf Visualisierungen (Foto, Gemälde, Film) und Zugänge zum Themenkomplex (z. B. Tagebuch).

Fragebogen zum Thema Wunder/Wundergeschichten

AB 1

	Aussage	ja	eher ja	eher nein	nein
1	Wundergeschichten sind Mutmach-Geschichten. Sie wollen zeigen, dass sich die Lage ändern kann, dass man im Vertrauen auf Gott die Hoffnung nie aufgeben muss.				
2	Die moderne Naturwissenschaft hat die Bibel widerlegt.				
3	Wunder – Geschichten vom unerwartet guten Ausgang				
4	Wunder sind auffallende Ereignisse, die von glaubenden Menschen als Zeichen des Heilshandelns Gottes verstanden werden.				
5	Die biblischen Wundergeschichten sind Tatsachenberichte.				
6	Wunder sind eine reale Durchbrechung der Naturgesetze.				
7	Weil wir heute viel klüger sind als die Menschen damals, brauchen wir nicht mehr an Wunder zu glauben.				
8	Ich interessiere mich für Religion.				
9	Man sollte nur glauben, was naturwissenschaftlich bewiesen ist.				
10	An erster Stelle steht die Bibel. Naturwissenschaftliche Theorien müssen der Bibel untergeordnet werden.				
11	Man redet bei Geschehen, die man wissenschaftlich nicht beweisen kann, von Wundern.				
12	Man kann gleichzeitig Naturwissenschaftler/in und Christ/in sein.				
13	Wundergeschichten sind keine Tatsachenberichte über durch Zauberei bewirkte Mirakel.				
14	Ich interessiere mich für Naturwissenschaft.				
15	Wundergeschichten sind Glaubensgeschichten. Sie zeigen, dass die Wirklichkeit dem, der glaubt, mehr Möglichkeiten eröffnet, als sich denken lassen.				
16	Ein aufgeklärter Mensch kann doch nicht an Wunder glauben.				
17	Wundergeschichten sind Protest- und Hoffnungsgeschichten.				
18	Es ist möglich, gleichzeitig Christ/in zu sein und Vorstellungen der Bibel kritisch zu beurteilen.				

Zusammenstellung: Jutta Paeßens

1. Setzen Sie Kreuze entsprechend Ihren Anschauungen zum Thema Wunder/Wundergeschichten. Lassen Sie ein kleines Team die Ergebnisse auswerten und auf Overhead vorstellen.

2. Erstellen Sie anhand von Medienberichten über „Wunder" eine Collage bzw. eine Zusammenschau an der Pinnwand. Untersuchen Sie Sprachgebrauch, Themen und leitende Gedanken der Berichte.

BS 4

Esther Maria Magnis: Hilft Beten gegen Krebs?

Keiner von den Erwachsenen wusste, dass wir gemeinsam beten wollten. Wir hatten es ihnen nicht gesagt. Den Eltern nicht, der Großmutter nicht, nicht den Tanten und Onkels. Es war zu intim. Und als wir über die unebenen Dielen stiegen, war ich besorgt, es könnte jemand kommen und uns fragen, was wir vorhaben, oder uns drei im Dunkeln beim Beten finden. Das wäre mir peinlich gewesen. Da hätten wir uns wahrscheinlich alle geschämt. Wir hatten vor, für ein Wunder zu beten, obwohl wir gelernt hatten, die Wundergeschichten Jesu so zu interpretieren, dass nichts mehr von einem Wunder drin vorkam. Jesus konnte nicht über das Wasser laufen, das war 'ne Sandbank. Jesus hatte Blinde nicht sehend gemacht, er hatte ihnen nur die „Scheuklappen" (ich kriege eine Gänsehaut, während ich das hinschreibe) von den Augen genommen, damit sie die Not der anderen Menschen sehen konnten – ihrer Nachbarn zum Beispiel. Jesus hatte nicht Lazarus von den Toten aufgeweckt, er hatte ihn nur aus seiner „Isolierung, aus seiner selbstverschuldeten sozialen Kälte" herausgeholt, in die „Gemeinschaft" (kotz, würg) zurückgebracht.
Dass die Geschichten Jesu für Teenager damit in etwa so relevant wie „Karla besucht den Zahnarzt" waren, hatten die Kirchen nicht gemerkt. Dass wir Kinder, Steffi, Johannes und ich, uns nach der Schreckensnachricht von Papa nicht sicher waren, ob man den Gott-ohne-Arme überhaupt um das Unmögliche bitten kann – dass wir nach 2000 Jahren christlicher Menschheitsgeschichte unsicher wie auf Eiern über den Dachboden wankten und Angst hatten, dass eher von uns ein Straßenplakat mit „Rettet die Wale" anstatt ein „Mach Papa gesund" von Gott verlangt wurde, das – na gut –, das konnten sie vielleicht wirklich nicht wissen. Ein kleiner Priesteramtskandidat hat mir vor Jahren einmal erklärt, warum man bei den Fürbitten nicht um die Heilung von Kranken, also um Wunder bitten dürfe. Man habe dann nämlich, erklärte er mir, sofort ein Theodizee-Problem in der Gemeinde. „Ach so", habe ich mit gedämpfter Stimme gesagt und mich ängstlich umgeschaut, „du meinst, die Schafe wissen noch nichts davon, dass Gott nicht jeden Kranken gesund macht?" Und dann habe ich mich zu ihm geneigt und ihm ins Ohr geraunt: „Ich sag's keinem. Versprochen. Lassen wir sie weiterschlafen. Die Spatzenhirne." Fand er nicht witzig. […]
Steffi und ich zogen uns zwei Hocker vor das Bett. Es war kalt. Wir sagten nichts. Eine halbe Minute lang vielleicht? Dann machte ich im Finstern das Kreuzzeichen und begann murmelnd: „Im Namen des Vaters", meine Geschwister fielen leise mit ein, „des Sohnes und des Heiligen Geistes. Amen." Wieder Stille. So weit kamen wir. Das kannten wir noch. Im Kreuzzeichen waren wir uns noch vertraut.
Schweigen.
Es drängte mich ja zum Beten, aber ich wusste nicht, was und wie. […]
Schweigen. Darin lag unser eigenes Warten, darauf, dass eines der Geschwister vielleicht anfinge, was zu sagen. Aber diese Augenblicke gingen vorbei. Es war zu ernst, um einfach drauflozureden. Einer unserer Mägen machte Geräusche. Ich dachte über Sätze nach, die ich sagen wollte. Meinen Geschwistern ging es genauso. Aber wir hielten das Schweigen aus. Angespannt. Warten. Keiner sprach.
Wir hatten noch nie so zusammengesessen. Aber wir überwanden die Sekunden und Minuten, in denen man sonst vielleicht etwas seufzend das eine Bein über das andere legen oder sonst wie die Sitzhaltung ändern, sich räuspern würde, wie es Menschen in der Kirche und in Konzerten immer tun. Wir schwiegen. Minutenlang.
Da wurde das Schweigen auf einmal still.
Und aus der Stille kam ein Ziehen. Das war nicht das Warten meiner Geschwister darauf, dass ich nun weitersprechen sollte. Sie warteten nicht. Ich wartete auch nicht mehr auf sie, sondern aus der Stille wuchs eine Ruhe. Eine ruhige Geduld. Es war nicht mehr unser Warten. Es war seins.
Und den Frieden, der in dieser Geduld lag, empfanden wir selbst nicht. Dieser Frieden war nicht unserer, aber wir wussten, dass er die Wahrheit ist. Und Wahrheit stellt immer nur eine Frage. Und die einzige Antwort darauf ist „Ja", die gibt sie sich selbst, und wir nickten ihr dann nur noch unsere Worte zu.
Steffi flüsterte: „Du hast gesagt, wenn zwei oder drei in deinem Namen versammelt sind, dann bist du mitten unter ihnen. Das hast du gesagt. Und wir sind doch drei, Jesus. Bitte mach Papa gesund."
Und Johannes: „Bitte mach ein Wunder, lieber Gott. Wir sind nicht oft in die Kirche gegangen, und ich hab nicht so viel gebetet. Aber du kannst Wunder machen."
Und ich: „Bitte mach ein Wunder. Bitte mach Papa gesund. Bitte mach, dass er nicht stirbt. Wir glauben dir."
Gott. Größer als am Meer. So deutlich wie: „Ich bin." Deutlicher. Gewisser als man selbst.
Ich muss oft an jenes Gebet denken, wenn ich mit Bekannten rede, die nicht an Gott glauben, von mir aber wissen, dass ich gläubig bin. Ich höre so häufig das Zugeständnis: „Na ja, ich kann mir schon vor-

stellen, dass Beten einen beruhigt, ist ja auch irgendwie wahrscheinlich ein ganz gutes Gefühl, wenn man glaubt, dass da immer jemand ist."

Ich schweige dazu, weil ich weiß, dass ich von jemandem, der nicht glaubt, nicht erwarten kann, mir die Wirklichkeit Gottes abzunehmen, vor der wir Kinder damals in jenem Zimmer saßen. Meine Geschwister und ich wussten danach vom Gleichen. Aber das kann ich diesen Bekannten nicht erklären, und ich würde diese Geschichte auch nie erzählen. Denn dann wären sie es vielleicht, die still würden, weil sie sich für mich mitleidig schämten. Dafür, dass ich damals mit meinen armen Geschwistern so große Not hatte, dass unsere Psychen sich etwas zusammenbauten. Ein Gruppendynamikhalluzinationswunschdenkengedöns.

Meine Geschwister und ich haben danach lange nicht über diese Momente auf dem Dachboden gesprochen. Aber wenn es in Gesprächen allgemein um Gott ging, bemerkte ich, dass sie von demselben Gott sprachen wie ich.

Wir formulierten es nie. Wir sagten höchstens: „Weißte, was ich meine? Wie damals in dem Zimmer auf dem Dachboden, als wir gebetet haben. So halt. Verstehste?"

Und wir verstanden, ohne dass wir es uns gegenseitig erklärt hätten. Wir beteten in der Woche danach jeden Abend so zusammen.

Esther Maria Magnis, Gott braucht dich nicht, Reinbek bei Hamburg, Rowohlt, 2012, S. 45–51

1. *Geben Sie den Gedankengang des Textes anschaulich und mit eigenen Worten wieder.*

2. *Entwickeln Sie unter Rückbindung an den Text einige Überlegungen zum Gebet in der Gegenwart: Worin sehen Sie typische und verallgemeinerbare Gedanken und Beschreibungen der Autorin, welche sind ungewöhnlich? Welche Gebetsanlässe und Gebetsinhalte finden sich bei Jugendlichen und Erwachsenen?*

3. *Hilft Beten? Entwickeln Sie ein kleines Forschungsprojekt, das diese Frage wissenschaftlich klären könnte.*

Wer betet wie? Stufen des religiösen Denkens und religiöser Praxis

Kinder beten anders als Erwachsene, Jugendliche anders als Alte, Nonnen und Priester anders als „Laien", Christen anders als Muslime. Woran liegt das? Lassen sich typische Gebetsformen bzw. -anliegen (Bitte, Klage, Lob und Dank, Meditation, Schweigen und Hören) bestimmten Gruppen zuordnen? Die Religionspsychologie, welche die seelischen und geistigen Grundlagen religiösen Denkens, Erlebens und Verhaltens erforscht, sieht die Gebetspraxis eingespannt zwischen den sich selbst zugeschriebenen „Weltbemächtigungsmöglichkeiten" sowie dem damit korrelierendem Gottesverständnis. Ein Beispiel: Das Kind bis ca. acht Jahre bittet v.a., wenn es betet. Es blickt zu Gott auf wie zu einem übermächtigen Erwachsenen, der alles kann, was er will: „Lieber Gott, mach, dass die Frau im Rollstuhl wieder gehen kann!" Wird das Kind älter, geht es davon aus, dass es Gott etwas anbieten muss, wenn es „Erfolg" haben will: Lieber Gott, mach ..., ich will dafür zu meiner Schwester ganz lieb sein!" Während auf der ersten Stufe die Ohnmachtserfahrungen des abhängigen Kindes in das Gebet eingetragen werden, spiegeln sich auf der zweiten Stufe die begrenzte Verantwortung sowie die sozialen Austauschverhältnisse wider, die im Laufe des Grundschulalters bewusst werden. Im Jugendalter steht häufig die Aussage: „Beten nützt nichts!" Das Modell des Trial and Error und die eigenen Möglichkeiten, Welt zu gestalten bzw. zu manipulieren, führen nicht selten zu einer Verabschiedung eines personalen Gottesglaubens. Das Gebet wird allenfalls in „schwachen Momenten" noch praktiziert, als „irrationale Bitte", als „emotionale Entladung", u.U. auch zum Dank für unerwartet Gelungenes oder unverdientes Glück. Erwachsene haben gelernt, dass die Welt nach eigenen Gesetzmäßigkeiten funktioniert und in vielen Situationen nicht steuerbar ist. Auch wird anerkannt, dass eine Gottheit nicht für die Erfüllung von Wünschen in Anspruch genommen werden kann, sondern eher als Beweggrund dafür, sich mit Unabwendbarem abzufinden. In letzter Konsequenz kann eine solche Haltung dazu führen, Gebet nicht mehr als Sprechen, sondern allein als Hören auf Gott zu praktizieren.

Religionsgeschichtlich lassen sich die skizzierten „Stufen der religiösen Entwicklung" als Religionstypen nachweisen: So definiert sich der „Islam" als Unterwerfung unter einen allmächtigen Gott. Tempel- und Opferreligionen gehen davon aus, dass man die Gottheit durch eigenes Zutun zufriedenstellen muss („Do ut des"). Die Mystik vieler Religionen proklamiert das meditierende und schweigende Einswerden mit Gott und seinem Willen.
Theologisch lassen sich alle Gebetspraxen rechtfertigen, sofern sie Gottes Souveränität voraussetzen und dem Heil des betenden Menschen dienen.

Günter Nagel

1. Überführen Sie die Textinformationen in eine Tabelle mit folgenden Spalten: menschliches Selbstverständnis, Verständnis von Gott, (religiöse) Praxis des Menschen.

2. Erweitern Sie den Sachtext, indem Sie eine Auswertung der beiden Bilder sowie die bei Esther Maria Magnis beschriebenen Verhaltensweisen (Arbeitsblatt 15) aufnehmen.

3. Recherchieren Sie weitere Gebetshaltungen in Bildform und stellen Sie diese kommentiert an der Wand Ihres Klassenraumes zur Ansicht und zum Studium vor.

Fürbittegebete – ein Forschungsreport

Ulrich Schnabel: Die Vermessung des Glaubens

Im Jahr 1988 erregte der amerikanische Herzspezialist Randolph Byrd Aufsehen mit der Behauptung, er habe erstmals einen medizinischen Nachweis für einen positiven Einfluss von Fürbittegebeten gefunden. Dazu hatte Byrd am San Francisco General Hospital den Genesungsprozess von 393 Herzkranken untersucht und die Patienten in zwei Gruppen eingeteilt: Für die Mitglieder der ersten beteten jeden Tag tiefgläubige „wiedergeborene Christen" außerhalb des Hospitals, die anderen Patienten mussten ohne diesen Beistand auskommen und dienten als Kontrollgruppe. Weder die Kranken noch die behandelnden Ärzte wussten, wer zu welcher Gruppe gehörte. Doch nach einiger Zeit stellte Byrd fest, dass bei den Mitgliedern der „Gebetsgruppe" tatsächlich positive Effekte im Vergleich zur Kontrollgruppe auftraten. Damit war für ihn erwiesen, dass „Fürbittegebete zum jüdisch-christlichen Gott" einen eindeutigen medizinischen Effekt hätten.

Bald regte sich jedoch Kritik an Byrds Deutung. Denn der Kardiologe hatte einen Fehler gemacht, der unter Statistikern als „das Dilemma des texanischen Scharfschützen" bekannt ist […], der zunächst auf ein Scheunentor ballert und danach um das Einschussloch fein säuberlich eine Zielscheibe malt. So war auch Byrd vorgegangen. Statt von vornherein klar zu definieren, welche Beschwerden durch die Gebete genau gelindert werden sollten, hatte er reichlich wahllos 26 verschiedene Faktoren überprüft – von der Anzahl der eingenommenen Medikamente über die notwendigen ärztlichen Interventionen bis hin zur Häufigkeit von Komplikationen etwa durch Lungenentzündung. Nur bei sechs dieser 26 Variablen zeigten sich (kleine) Unterschiede zwischen Gebets- und Kontrollgruppe – doch genau auf diese sechs Faktoren stützte Byrd am Ende seine aufsehenerregende Aussage. Wirklich überzeugend ist das nicht. […]

Doch es wäre voreilig, damit den Gebeten oder anderen Heilungszeremonien jede Wirkung abzusprechen. Denn auf individueller, subjektiver Ebene können sie sehr wohl einen Effekt haben. Der mag zwar nur im Kopf des Patienten (respektive des Betenden) auftreten, ist darum aber nicht weniger real. […]

Wer den Einfluss von Gebeten oder religiösen Praktiken auf einen Krankheitsverlauf erforschen will, tut als gut daran, genau nach der Einstellung des jeweiligen Patienten zu fragen. Das zeigen zum Beispiel auch die Ergebnisse des Religionswissenschaftlers und Psychologen Sebastian Murken, der an der Universität Trier arbeitet. Er und seine Mitarbeiter haben in der Onkologischen Rehabilitationsklinik in Bad Kreuznach die Rolle der Religiosität bei der Bewältigung von Brustkrebs untersucht und dabei festgestellt, dass Religion zwar helfen kann – aber nur unter bestimmten Bedingungen.

Eine hilfreiche Stütze im Glauben fanden Murkens Studie zufolge jene Patientinnen, die hochreligiös waren und ein positives Gottesbild hatten. Nach dem Motto „Was der Herr tut, ist wohlgetan" konnten sie selbst ihrer Krankheit einen Sinn abgewinnen, sie annehmen und konstruktiv damit umgehen. Wer dagegen das Bild eines strengen, strafenden Gottes im Herzen trug, litt in der Klinik verstärkt unter Angst- und Depressionszuständen; diese Patientinnen machten sich eher religiös begründete Vorwürfe und setzten sich damit noch zusätzlich unter Druck. Und die unentschiedenen Vertreterinnen einer „mittleren Alltagsreligiosität" waren in der Klinik vor allem von Verunsicherung und Zweifeln geplagt. Der Glaube kann also, je nach Einstellung, sowohl eine positive wie eine negative Wirkung haben.

Ulrich Schnabel, Die Vermessung des Glaubens. Forscher ergründen, warum der Glaube Berge versetzen kann, Pantheon/Random House, 2008, S. 39–43

---

1. Fassen Sie Schnabels Report zum Thema Wirksamkeit von Gebeten zusammen.

2. Wie müsste der „Gebetsaufbau" bei Esther Maria Magnis (Arbeitsblatt 15) „verändert" werden, damit er „Wirkung" zeigen könnte? Geben Sie den betenden Jugendlichen des Textes eine „Hilfestellung".

3. Arbeiten Sie Gemeinsamkeiten und Unterschiede zwischen den skizzierten Versuchsaufbauten und Ihren eigenen (Arbeitsblatt 15, Aufgabe 3) heraus.

4. Würde ich in einer existenziellen Notsituation beten? Begründen Sie Ihre Haltung unter Zuhilfenahme der in dieser Sequenz bislang verwendeten „Informationen".

Wunder – eine theologische Kontroverse

Katholischer Erwachsenenkatechismus

Diese Wunderberichte der Evangelien sind für uns heute mit vielen Problemen behaftet. Freilich ist der uns geläufige Wunderbegriff, der am naturwissenschaftlichen Denken der Zeit orientiert ist und nach der Möglichkeit einer Durchbrechung der Naturgesetze fragt, der Bibel fremd. Ihr geht es um den Glauben an Gott, den Schöpfer der Welt und den Herrn der Geschichte, der in allen seinen Werken „wunderbar" ist, aber auch in außergewöhnlichen Taten seine Macht offenbaren kann. Über das Wie solchen Geschehens, besonders über das Verhältnis zu den natürlichen Ursachen und Kräften, die Gott benutzen kann, macht sich die Bibel noch keine Gedanken, so dass ihre Darstellung auf uns unreflektiert und naiv wirkt. [...] Trotz dieser Schwierigkeiten wagt auch streng historische Kritik nicht zu bezweifeln, dass durch Jesus außerordentliche, unerklärliche Ereignisse, besonders Heilungen, geschehen sind. Die Heilungsberichte enthalten nicht selten genaue Angaben über die beteiligten Personen, mit Namen und Umständen. Der Zulauf der Menschen, der Ruf, der sich von Jesus verbreitet, die Hilflosigkeit der Gegner, die seine Taten nicht abstreiten können, die schon früh nach Ostern einsetzende Überlieferung der Wunderberichte zu einer Zeit, in der die Augen- und Ohrenzeugen des Auftretens Jesu noch lebten: das alles lässt sich anders nicht begreifen. Die moderne Naturwissenschaft beschränkt sich bei ihrer Wirklichkeitsbetrachtung bewusst auf die innerweltlichen Faktoren; sie sieht von der Frage nach Gott bewusst ab. Das ist von den methodischen Voraussetzungen der Naturwissenschaften her durchaus berechtigt. Aber die Betrachtung der Welt unter dem Gesichtspunkt von Naturgesetzen ist nur eine, nicht die einzige Weise, die Wirklichkeit zu verstehen. Der Glaube kann sich mit einer solchen Betrachtungsweise, würde sie verabsolutiert, nicht zufriedengeben. Der Glaube an den lebendigen Gott, den Schöpfer des Himmels und der Erde, würde seinen Inhalt verlieren, würde er nicht mehr mit der Möglichkeit und Wirklichkeit rechnen, dass Gott auch in außergewöhnlicher Weise in Zeit und Geschichte hineinwirkt. Ein solcher Glaube wäre ein hölzernes Eisen.

Katholischer Erwachsenenkatechismus. Das Glaubensbekenntnis der Kirche, hg. von der Deutschen Bischofskonferenz, Kevelaer u.a., 1985, S. 154f.

Eugen Drewermann: Der Sinn der Gebete

Was, wenn es so steht, ist es dann mit den Klagen und Bitten der Menschen, von denen gerade die Wundererzählungen voll sind, und was ist mit unseren eigenen Gebeten, die wir zum Himmel richten? Diese Fragen entstehen spätestens dann, wenn ein Mensch im Umkreis unseres Erlebens leidet und wir buchstäblich nichts mehr zu machen wissen, weil alles, was geschehen könnte durch menschliches Handeln, längst erschöpft ist. Ich denke, dass wir aus dem Scheitern einer bestimmten Art, von Gott und Welt zu sprechen, lernen müssen, dass wir auch unsere Gebete anders zum Himmel richten sollten. Wir sind nicht dazu bestellt, Gott in den Ohren zu liegen, dass er etwas hören müsste, auf das er selber nicht gekommen wäre. [...] Vielmehr sollten wir lernen, dass unsere Gebete wesentlich den Sinn haben, Sinn dort zu schenken, wo wir im Sichtbaren scheinbar nichts als Unsinn sehen. Einverstanden zu werden mit dem sonst Unzumutbaren ist der eigentliche Sinn der Gebete.

Um begreifbar zu machen, in welchen Horizont sich dann auch die Wundererzählungen stellen, darf ich daran erinnern, wie wir als Kinder noch in den Tagen der Vorweihnacht die Eltern gebeten haben um bestimmte Gegenstände, die uns wünschbar erschienen. Mit all unseren Wünschen aber wollten wir nicht die Puppe und den Ball, den Kaufladen und den Tretroller. Was wir wirklich wollten, war die spürbare Erfahrung der Nähe, der Zuwendung und der Liebe unserer Eltern. Nun mochte es sein, dass unsere Eltern gar nicht imstande waren, aufgrund äußerer Notlagen oder anderer Gründe zu tun, worum wir sie baten. Alles aber, worum wir sie wirklich baten, war im Grunde nicht die Frage nach etwas, sondern nach ihnen selber als Personen, nach ihnen als Menschen und nach ihrer Beziehung. Ganz entsprechend sollten wir auch verstehen, wenn Jesus im Johannes-Evangelium erklärt: „Alles, worum ihr bittet, wird euer Vater euch geben." Dieses „Alles" ist nicht das Vielerlei der Dinge, sondern das Ganze der Nähe Gottes, seiner Person. Das ist es, was wir im Grunde meinen, und unterhalb davon blieben wir unter dem Format, auf dem wir leben könnten. Das Geschenk der Nähe Gottes ist das eigentliche Wunder unseres Lebens. [...]

Sparsamer, vorsichtiger, im Grunde persönlicher, zentrierter, weg von dem, was man in der Sprache der Tiefenpsychologie das materielle Missverständnis genannt hat, müssten wir unser Verhältnis zu

Gott einrichten. Mit materiellem Missverständnis meine ich, dass wir das Äußere für den Raum der Bestätigung unseres Glaubens nehmen, und Dinge einsetzen anstelle des persönlich Gelebten. Es gibt eine bessere Form der Frömmigkeit, wie sie in Psalmen oft auftritt: „Noch ist ein Wort mir nicht auf der Zunge, da kennst Du, Herr, es schon." In diesem Vertrauen lebte Jesus. Und sein Versprechen war gewiss nicht, dass wir von Gott aus jeder Notlage gerettet würden. Er selber wollte es nicht und glaubte es also auch nicht am Ölberg, als er auf seine Art lehrte, was es heißt: „Dein Wille geschehe."

Eugen Drewermann, Missverständnisse und Irrwege der Wunderauslegung, in: Katechetische Blätter 114 (1989), S. 408–413

1. Stellen Sie die beiden Positionen einander gegenüber. Wählen Sie dazu geeignete Gesichtspunkte und legen Sie eine Tabelle an.

2. Füllen Sie die leeren Kästchen Ihrer Gegenüberstellung entsprechend der Grundlinie der jeweiligen Position aus.

3. Ein Glaube, der Wunder nicht für möglich hält, wäre ein „hölzernes Eisen". Entwerfen Sie eine kleine Gesprächsrunde mit Eugen Drewermann, dem „Katechismus", Esther Maria Magnis und einem überzeugten Materialisten.

Lourdes – Hoffnungsort oder religiöser Rummelplatz?

Lourdes, Südfrankreich, 11. Februar 1858: Die vierzehnjährige Bernadette Soubirous ist mit dem Holzsammeln beschäftigt. Ihr Vater ist Müller, der mehr schlecht als recht seine vielköpfige Familie ernähren kann, die Mutter ist mit den vielen Kindern überfordert, sie selbst kränklich und körperlich immer am Rande des Zusammenbruchs. Vor einem Felsen am Fuße des Flusses Gave kommt sie zum Stehen, als sie trotz Windstille ein Brausen vernimmt und oberhalb einer Grotte plötzlich eine weiß gekleidete Dame erblickt. Bernadette greift nach ihrem Rosenkranz und betet diesen, bis die Erscheinung vorüber ist. Dieses Schauspiel wird sich in den nächsten Wochen wiederholen – unter wachsender Anteilnahme der örtlichen Bevölkerung. Allerdings: Die Bernadette Umgebenden sehen und hören nichts. Allein das Mädchen gerät „in Verzückung" und ist in der Lage, mit der „Dame" zu sprechen. Entsetzt nehmen die Menschen wahr, wie Bernadette im Schlamm nach Wasser gräbt und ihren Mund mit Gras und Schmutz füllt. Wenige Tage darauf eilt nicht nur die Kunde durch das Land, Bernadette habe die „Heilige Jungfrau" gesehen, sondern eine gewisse Catherine Latapie könne ihre gelähmte Hand wieder bewegen, nachdem sie diese in das Wasser vor der Grotte eingetaucht habe.

Weitere „Fälle" folgen und machen Lourdes in den folgenden Jahrzehnten zu einem der bekanntesten Wallfahrtsorte des Katholizismus. Schon im neunzehnten Jahrhundert wird „Lourdes" aber auch zum Streitthema zwischen Frommen und naturwissenschaftlich Aufgeklärten, die „Aberglauben" und frommen (Selbst-)Betrug vermuten.

Günter Nagel

Szene aus dem Spielfilm „Lourdes": Die an den Rollstuhl gefesselte Christine (links) nimmt aus Langeweile an einer Pilgerfahrt teil und erlebt den durchorganisierten „Hoffnungsbetrieb" des südfranzösischen Wallfahrtsortes. Zu Anfang unfähig, auch nur einen Körperteil unterhalb des Kopfes zu bewegen, gewinnt sie im Verlaufe der Tage in Lourdes die Funktionen von Armen und Beinen zurück.
Ein Wunder? Eine Spontanheilung? Nicht nur die beteiligten Pilgerinnen und Pilger kommentieren das Phänomen unterschiedlich, auch die Filmemacherin selber lässt Deutung und Urteil offen.

1. Recherchieren Sie nach weiteren Informationen zum Wallfahrtsort Lourdes, zur Biografie der Bernadette Soubirous und zu Erklärungsversuchen hinsichtlich des „Sehens" und der „Wunder". Stellen Sie Fakten und Theorien im Plenum vor.

2. Sie werden mit einem Spielfilmprojekt beauftragt, das den Lourdes-Stoff auf die Leinwand bringen soll. Entwerfen Sie ein Rohmanuskript und stellen Sie einzelne Elemente vor (Personenkonstellation, Eröffnungsszene, Verlauf, dramatische Elemente, Schlussszene etc.).

3. Beauftragen Sie eine Teilgruppe damit, den oben genannten Lourdes-Film zusammenzufassen und die Ergebnisse zu präsentieren. Bewerten Sie diesen Film unter Heranziehung ihrer eigenen Konzepte als Vergleich.

Fridolin Stier: Vielleicht ist irgendwo Tag (Klausur)

Der Autor (1902–1981) war katholischer Priester und Bibelwissenschaftler. Der Text ist seinen hinterlassenen Tagebuchaufzeichnungen entnommen.

5. August 1973
Im März auf einer Bundesstraße des schwäbischen Oberlandes geschehen: Ein Autofahrer, der einem Hund auswich, stieß auf der Gegenfahrbahn mit ei-
5 nem anderen Wagen, ein dritter mit diesen beiden zusammen. Der Hund lebte, acht Menschen waren tot.
Herr Jesus, ich kann mir nicht wehren, dir und deinen Theologen abermals und immerzu dein Wort ins
10 Gedächtnis zu rufen: „Kein Spatz fällt vom Dach ohne …" — es war des Vaters und ebenso des Mannes am Steuer Wille, dass der Hund nicht unter die Räder kam. „Ihr aber seid mehr wert als viele Spatzen" — als viele Hunde, würdest du wohl heute sagen …
15 Hätten also die 8 Menschen ums Leben kommen können „ohne …"? Herr Jesus, darf ich dein Wort — es ist doch wohl das deine, nicht wahr? — darf ich es wörtlich nehmen? Oder wirst du mich an deine Theologen, an deine Hermeneutiker verweisen, um
20 mir von ihnen sagen zu lassen, du redetest hier rhetorisch übertreibend, „hyperbolisch" sagen sie, und du seiest cum grano salis zu verstehen? Das „Körnchen Salz" aber, das ich von ihnen zu erwarten habe, besteht in der Lehre von der Weltimmanenz, d. h.
25 der infolge der Sekundär-Kausalität alles Erschaffenen innerweltlich geschlossenen Komplexität alles Geschehens in Natur und Geschichte …
Dann, Herr Jesus, wäre für uns kein Grund mehr, uns bei deinem und unserem Vater im Himmel wegen gewisser Vorkommnisse zu beschweren. Denn dann 30 wäre die Schöpfung der praktisch autonomen „Exekutive" der causae secundae überantwortet. Als eine der nächstliegenden Konsequenzen dieser Theologie empfehle ich die Abschaffung des Gebets. Denn es wäre absurd, den Himmel etwa um Regen oder Ab- 35 wendung von Naturkatastrophen zu bitten […] Man könnte, ja, um ein theologisch sauberes Gewissen zu haben, müsste man sogar die Menschen über ihre Situation aufklären: Ihr lieben Leute, hört endlich auf, den lieben Gott mit euren Angelegenheiten zu 40 belästigen. Selbst wenn er euch hört und zu erhören bereit wäre (er ist ja die Liebe!), so kann er doch nichts für euch tun; denn er hat nun einmal seine ganze Schöpfung als causae secundae-Betrieb eingerichtet … 45
Solche „Aufklärung" wird beim allergrößten Teil der heutigen Menschheit, die Masse der „Gläubigen" nicht ausgenommen, auf keinen Widerstand stoßen, da sie nur „aufklärt", was den meisten schon längst klar, zum mindesten unterbewusst wahr geworden 50 ist.
Ich aber erkläre:
Gerade wenn die ganze Baracke des Universums so eingerichtet wäre, wie diese Lehre es will, so ließe ich mich nicht abhalten, nun erst recht an den Urver- 55 antwortlichen zu appellieren und ihn zum Einschreiten aufzufordern — zu einer Korrektur seiner Administration: Adveniat regnum tuum …

Fridolin Stier, Vielleicht ist irgendwo Tag, Freiburg i. Br.: Herder, 1993, S. 294f.

1. Skizzieren Sie mit eigenen Worten den Gedankengang des Autors.

2. Erläutern Sie die religiöse und existenzielle Bedeutung der von Fridolin Stier dargestellten Thematik.

3. Entwerfen Sie ein Hinweisblatt mit Leitlinien zur Arbeit mit dem Thema Wunder und Gebet im Unterricht der Sekundarstufe I.

Baustein 5

Was kommt nach dem Tod?

Ziele

- die Bedeutung der Frage nach dem Tod artikulieren und gestalterisch umsetzen
- den gesellschaftlichen Umgang mit dem Tod wahrnehmen, beschreiben und bewerten
- religionsgeschichtliche und christliche Jenseitskonzepte miteinander vergleichen
- den Wert der Trauerbegleitung sowie den Wert des dazu notwenigen Fachwissens darstellen
- Bild- und Sprachmetaphern deuten

Methoden

- Filmanalyse, Filmexposé
- Internetrecherche
- Standbildbau
- Liedanalyse

Der Baustein besteht aus zwei Teilen, die theologisch-systematisch auseinandergehalten werden können, im Rahmen der in diesem Buch vorgelegten Konzeption jedoch zusammengehören – Inhalte der klassischen Eschatologie sowie Aspekte der „Trauerbewältigung". In vielen Bundesländern wird mit diesem Themenzusammenhang ein ganzes Schulhalbjahr gearbeitet, folglich kann das folgende Angebot nur eine begrenzte Auswahl bieten.

Sachanalyse

Religionsgeschichtlich gesehen ist die Frage nach der Transzendenz in einem nicht unerheblichem Maße auch die Frage, was jenseits der Schwelle des Todes mit dem Menschen geschieht. Schon in der Antike sind deshalb bei vielen Völkern des Orients „gelehrte Ortskunden des Jenseits" (Thomas Mann) entstanden. Das Christentum hat sich dort reichlich bedient und im Mittelalter eine bunte oder nicht selten auch eine dunkle Bilderwelt entstehen lassen. Kulturgeschichtlich gesehen ist christlicher Glaube über viele Epochen hin Jenseitsglaube. Spätestens mit der Neuzeit ist diese Vorstellungswelt in eine Krise geraten. Woher sollten alle die „Informationen" stammen, welche die Religionen zusammengetragen hatten? Waren nicht wesentliche Bestandteile der Eschatologie als Belohnungs- und Rachephantasien, als Kompensationen für im Leben Unerfülltes und damit als Projektionen durchschaubar? Stellten nicht insbesondere die Höllenvisionen als „Drohbotschaft" alle Freiheitsimpulse des menschlichen Lebens unter Kuratel? Und musste nicht überhaupt die Rede von der jenseitigen Welt zugunsten eines Ausgreifens nach den „Zuckererbsen für Jedermann" (Heinrich Heine) im Diesseits aufgegeben werden?

→ Arbeitsblatt 20a, S. 80
→ Zusatzmaterial 2, S. 87

→ Arbeitsblatt 19, S. 78 f.

Schon die neuscholastische Dogmatik des 19. Jahrhunderts hatte sich angesichts der Infragestellungen durch die Wissenschaften und den aufgeklärten Zeitgeist eschatologisch recht wortkarg geäußert. Im Traktat „von den letzten Dingen" wurden unter Rückgriff auf die platonische Anthropologie pflichtgemäß biblische Aussagen zusammengestellt und in ein zeitliches Nacheinander gebracht: Nach dem Tod trennen sich Leib und Seele; letztere ist bei Gott verwahrt und wird am Ende der Zeiten wieder mit dem dann verwandelten und unverweslichen Leib vereint. Dann entscheidet das „jüngste Gericht" endgültig über die Zukunft des Menschen. Obwohl sehr vielen Gläubigen die intellektuellen Probleme dieses Modells vor Augen standen, konnte zumindest die katholische Theologie aufgrund des lehramtlichen Fundamentalismus in der antimodernistischen Epoche keine grundlegende und sinnerhellende Neuorientierung zu dieser existenziell bedeutsamen Frage anbieten.

Es verwundert vor diesem Hintergrund nicht, wenn in den 1960er Jahren in Zusammenhang mit der allgemeinen Fortschrittseuphorie zunächst eine innerweltlich interpretierte Reich-Gottes-Botschaft in den Mittelpunkt von Theologie und Verkündigung trat. So gab die Konzilskonstitution Gaudium et Spes der menschlichen Technik- und Kulturentwicklung eine positive Bedeutung. Die evangelische „Theologie der Hoffnung" (Moltmann) kleidete das marxistische „Prinzip Hoffnung" (Bloch) religiös ein und Dorothee Sölle sprach von einer „Auferstehung mitten im Leben". Selbst die Apokalyptik kam wieder zu Ehren, wenn auch „nur" in Form einer gesellschaftskritischen „Naherwartung, die unter Handlungsdruck setze" (Metz). So blieb es letztlich der praktischen Seelsorge vorbehalten, sich mit Krankheit und Tod auseinanderzusetzen und Trost für die „individuelle Seele" bereitzustellen.

→ **Arbeitsblatt 20b, S. 81**

Als hilfreich erwies sich gerade im Kontext der Pastoral und der damit verbundenen „Individualhoffnung" die wieder entdeckte *personalisierte Eschatologie*. Nicht mehr ein anonymes Geschehen, das sich entlang der Kategorien von Recht und ausgleichender Gerechtigkeit – einem ägyptischen Totengericht vergleichbar – vollzieht, sondern die Begegnung mit dem liebenden Gott, der sein Geschöpf in die Arme schließt – das ist die Erwartung bezüglich dessen, was dem Individuum passieren wird. Alles andere gilt als Geheimnis. Grundlegend war in diesem Zusammenhang die Neuentdeckung der metaphorischen Sprache in der Bibel. Die in der Heiligen Schrift vermittelte Offenbarung ist nicht identisch mit einem Gutachterbericht, sondern eher einer Collage vergleichbar, die „nur" in der Form von Bildern (Plural) überhaupt über Dinge reden kann, die eben nicht als Information vorliegen können. Die katholische Eschatologie geht heute davon aus, dass über das Leben nach dem Tod nicht sehr viel mehr ausgesagt werden kann, als durch die Botschaft und das Geschick Jesu von Nazareth präfiguriert worden sind. In der letzten Stunde steht jeder Mensch mit leeren Händen vor Gott und ist auf die Gnade des Schöpfers angewiesen ist. Das Leben nach dem Tod ist deshalb nicht einfach die Fortexistenz dieses Lebens – nur für immer. Ewigkeit ist für das Individuum Erlösung von den irdischen Daseinsbedingungen und Neuschöpfung in einem.

→ **Arbeitsblatt 18, S. 77**

Ein Koffer für die letzte Reise

Methodischer Kommentar

„Die Glückskekse sind für Gott. Für jeden Tag der Schöpfung einen. Zu einer Einladung bringt man doch etwas mit" (Mona Bantschow). Die Einladung des Bestatters Fritz Roth (1949–2012), einen Koffer für die letzte Reise zu packen, stieß auf breites Interesse, das durch die Veröffentlichung des Buches (Gütersloh 2006) sowie diverse Filmberichte noch an Publizität gewann. Die Vielfalt der Utensilien, die für die letzte Reise in den Koffer eingelegt wurden, zeigt ebenso wie die diesbezüglichen Begründungen, dass bei allem äußerlichen Widersinn („Das letzte Hemd hat keine Taschen!") Menschen mit der von Fritz Roth gestellten Aufgabe Persönlichstes verbinden. Im Kern wird die Lebensphilosophie des „Reisenden" offenbar, mindestens aber, was im eigenen Leben wirklich wichtig ist. Bilder, Liebesbriefe, die ersten Schühchen der eigenen Kinder – Sentimentalität und Offenlegung des Intimsten sind bei der Frage nach dem, was wichtig ist, kein Tabu. Mittlerweile ist das Projekt in vielen Städten ausgestellt und auch im Ausland wiederholt worden.

Das Arbeitsblatt stellt einen **Zugang** zu den theologischen Aspekten des Bausteins dar. Es kann die Einführungsphase einer Unterrichtsstunde ausfüllen (Aufgabe 1) oder Teil eines kleinen Ausstellungsprojektes sein (Aufgabe 2). Ziel ist es, der Frage des Bausteins zunächst einmal Bedeutung und Raum zur Artikulation zu geben. Der Text von Fritz Roth kann als Anmoderation helfen, den Schülern die „Erwachsenengemäßheit" des Vorhabens deutlich zu machen. Hier handelt es sich nicht um ein „unernstes" Schulsetting, sondern um „echtes Leben".

Wie weit die Idee im Unterricht streut, ist sicher von Lerngruppe zu Lerngruppe unterschiedlich. Die Ergebnisse stellen aber in jedem Fall die existenzielle Dringlichkeit der Problematik heraus, die über die Gegenstände bzw. die Begleittexte im Gespräch entfaltet werden sollte. Es kann sich als sinnvoll herausstellen, die „Beschäftigung mit dem Koffer" in eine Hausaufgabe zu verlegen, sodass die Einführung in die Thematik als „Cliffhanger" initiiert wird.

Eine Fotoausstellung könnte als Begleitung durch das Schuljahr oder am Ende der hier vorgeschlagenen Sequenz inszeniert werden. U.U. würde der eine oder andere Koffer nach der Beschäftigung mit dem Thema anders aussehen oder überhaupt das erste Mal gepackt werden. In jedem Fall sollte die Lehrkraft einen Selbstversuch machen, um die didaktische Qualität der Methode selbst einschätzen zu können. Weiterhin besteht Raum für die Recherche: Über den mittlerweile verstorbenen Initiator finden sich Berichte und Filmbeiträge im Internet; das Projekt ist ebenfalls gut dokumentiert und auffindbar (http://www.puetz-roth. de/projekte-und-aktionen.aspx [12.01.2015]).

Esther Maria Magnis: Ratlosigkeit angesichts des Todes

→ Arbeitsblatt 19, S. 78

Methodischer Kommentar

Der retrospektive Einblick in die Seele und das Bewusstsein einer Sechzehnjährigen ist mit Seitenhieben gegen die bundesrepublikanische Kultur verbunden, welche sich mit sprachlichen Formeln bzw. Worthülsen existenzielle Nöte vom Leib halten möchte. Der Text bietet deshalb einen Ansatzpunkt für mehrere **problemorientierte Fragestellungen**, die im Anschluss an die Texterfassung formuliert werden können: Was kommt nach dem Tod („Wahrheitsfrage")? Wie können Trauernde begleitet werden (Psychologische Problematik)? Der Tod – ein Tabuthema (Kulturkritische Perspektive)? Ist das Christentum tatsächlich auskunftsschwach bezüglich der „letzten Dinge" geworden (Religionskritische Fragehaltung)? Gehen „coole" Menschen besser durch das Leben als liebende, weil sie weniger verletzlich sind (Anthropologisch-ethische Perspektive)?

Zur **Erarbeitung** einer schülereigenen Lösung (Aufgaben 2 und 3) ist es ratsam über Ordnungsvorstellungen nachzudenken. Es bietet sich an, die im Text vorgelegte Kritik mithilfe des mitgebrachten Anschauungsmaterials (Aufgabe 2) zu belegen oder zu widerlegen. Auch ist die Unterscheidung von christlichen, esoterischen, säkularen Ausdrucksweisen in den Vorlagen möglich. Nicht zuletzt sollten eigene Erfahrungen und Antworten in exemplarischer Form gesammelt werden.

Es ist möglich, die Schüler einen Trostbrief verfassen zu lassen, um diesen am Ende der Arbeit mit dem Baustein „durchkorrigieren" zu lassen. Für Schüler ist es in der Regel neu, dass Trauerarbeit in Phasen verläuft, ihr Brief also u.U. unpassende Ratschläge enthält.

Die Suche nach einem Bildmotiv bietet sich als freiwillige oder verbindliche **Hausarbeit** an. Mittlerweile sind alle Schüler mit einem Handy samt Kamera ausgestattet, die Motivsuche als Schulung der Wahrnehmungskompetenz ist also verhältnismäßig aufwandlos zu bewerkstelligen. Taugliche Szenerien sind Brücken, Wege, Pflanzen, totes Holz, Sonnenstrahlen etc. Vielleicht ist ein Tipp der Lehrkraft notwendig.

→ Arbeitsblatt 20a, S. 80

Die „Erfindung" der Seele

 Methodischer Kommentar

In der **fachlichen Auseinandersetzung** werden kulturgeschichtliche Entwicklungslinien verdeutlicht, die als Folie für das christliche Verständnis von Auferweckung und ewiges Leben grundlegend sind. Die Ausdeutung des Wandgemäldes kann durch eine Recherche im Internet bzw. in Schulgeschichtsbüchern des 5. Jahrgangs unterstützt werden. In guten oder interessierten Religionskursen kann eine religionsgeschichtlich interessante Problemstellung eingetragen werden: „Covert das Christentum ägyptische Jenseitsmythologie?"
Es bietet sich an, bei der Besprechung der Lösungen von Aufgabe 1 das christliche Gerichtsverständnis durch spätmittelalterliche bzw. frühneuzeitliche Bildmotive zu visualisieren. Darstellungen auf Kirchenportalen oder in Gemälden (z.B. Stephan Lochner) bringen ähnliche oder identische Aspekte zum Ausdruck. Der Unterschied besteht darin, dass die ägyptische chronologische Lesart ersetzt worden ist durch das an Mt 25 sich anlehnende Links-Rechts-Schema. In diesem Kontext lohnt ein Nachdenken über die Frage, ob ältere eschatologische Vorstellungen Christus als Verkünder eines „unparteiischen" Urteils im Sinne des Waage-Motivs kennen oder ob „Jesus von Nazareth" erkennbar ist als der, der die verlorenen Schafe retten will.
Aufgabe 2 ist dem religionsgeschichtlichen Nachdenken gewidmet und bietet Rückbezüge zum Baustein 3 sowie einen Vorausblick auf das übernächste Arbeitsblatt (Nahtoderlebnisse) an.

→ Arbeitsblatt 20b, S. 81

Sterben als Heimkehr zu Gott

 Methodischer Kommentar

Der Text von Herbert Fendrich stellt den zweiten Teil der **fachlich-theologischen Auseinandersetzung** dar, da er einerseits die personale Dimension der christlichen eschatologischen Hoffnung in den Blick nimmt, zum anderen den Geheimnischarakter des „Geschehens" betont. Er führt organisch die Ägypten-Thematik fort und lässt durch die Aufgaben fachmethodische Akzentsetzungen erkennen, die je nach Interessenlage entfaltet werden können. Aufgabe 2 lässt die Option einer angeleiteten Bildinterpretation aufscheinen, indem eine Vorabdeutung weitergeführt wird. Aufgabe 3 leitet zu einer Interpretation von Gleichnissen über, die durch Rembrandt vorgenommen worden ist und den persönlichen Faktor der Hermeneutik anschaulich werden lässt. Maler und Exeget unterscheiden sich an dieser Stelle eher formal, nicht aber prinzipiell. Mit anderen Worten: Gleichnisse sind per se interpretationsoffen. Die Lösung kann besser in Partnerarbeit denn allein gefunden werden. Aufgabe 4 stellt eine **Zusammenführung und Sicherung** der Ergebnisse dar und eignet sich u.U. auch für eine Kleingruppenarbeit. Vielleicht muss die Lehrkraft vorweg den Sinn der Aufgabe verdeutlichen; schließlich geht es um die Frage, ob die christliche Theologie an den entscheidenden Stellen „nur bildhaft" sprechen kann. Die Problematik ist deshalb interessant, weil der Autor des nächsten Arbeitsblattes zwar auch auf die Bildhaftigkeit der Eschatologie rekurriert, aber durch medizinische Untersuchungen *empirische Belege* beizubringen sucht.

Nahtoderlebnisse – Hinweise auf ein Leben nach dem Tod?

→ Arbeitsblatt 21, S. 83

Methodischer Kommentar

Seit Moodys Veröffentlichungen (v.a. *Life after Life*, 1975) ist eine eigene Forschungsrichtung entstanden, die sich mit den sogenannten Nahtoderlebnissen, ihren „Verursachungen", ihren Verläufen und ihren Nachwirkungen auseinandersetzt. Es liegt in der Eigenart des Gegenstandes, dass die unterschiedlichen Wissensdisziplinen keine einheitliche Interpretation der im Text des Arbeitsblattes modellhaft skizzierten Phänomene bereitstellen können.

Bei Carol Zaleski (vgl. Nahtoderlebnisse und Jenseitsvisionen, Leipzig 1993) können durch einen historischen Längsschnitt und den Vergleich von Berichten aus unterschiedlichen Epochen Einsichten gewonnen werden hinsichtlich der kulturellen Varianzen der Motive und Szenerien. Der Mediziner Pim van Lommel (vgl. Endloses Bewusstsein. Neue medizinische Fakten zur Nahtoderfahrung, Düsseldorf 2009) baut seine Beobachtungen und Messungen zu einer eigenständigen antinaturalistischen Philosophie eines „Weltgeistes" aus, in welcher das Gehirn des Menschen als Empfänger von Bewusstsein, nicht aber als Produzent desselben fungiert. Hans Kessler (vgl. Was kommt nach dem Tod? Kevelaer 2014) hat deutlicher als andere Theologen die „Out-of-body-Erfahrungen" zum Ankerpunkt für eine die christliche Hoffnung bestätigende Eschatologie ausgebaut. Eine grundlegende Skepsis bleibt allerdings angebracht: Zum einen sind in der Wissenschaftsgeschichte schon häufig „theologische Reservate" gestürmt worden; zum anderen ist unklar, wohin die Beobachtungen theologisch führen. Lässt sich damit gar die „Präexistenz" der Seele und damit Seelenwanderung beweisen? Moderne Reinkarnationstherapeuten würden auf einmal zu Partnern der christlichen Theologie werden. Insofern bleibt auch die wohlwollende Kenntnisnahme von Nahtoderlebnissen rückgebunden an die biblische Botschaft von „Tod und Auferweckung", die in einem Spannungsverhältnis steht zum Konzept des „Weiterlebens".

Es ist ratsam, sich mit definitiven inhaltlichen Festlegungen zu den Nahtoderlebnissen gegenüber den Lernenden zurückzuhalten. Zu empfehlen ist hingegen, die (Internet-) Recherche in Aufgabe 2 und die Einbettung in vorhandene Deuteschemata in Aufgabe 3 zu einem spannenden kleinen Projekt mit einer anschließenden Diskussion in der Klasse auszubauen. Die Schüler sind in der Regel für die Problemstellung sehr offen und können aufgrund der Anschaulichkeit sowie der existenziellen Relevanz engagiert streiten. Die Lehrkraft sollte im Vorfeld der Recherche darauf hinweisen, dass insbesondere Bildmaterial (z. B. Hieronymus Bosch, Duane Michals) von Interesse ist. Ein Hinweis kann auch dem schon älteren, jedoch noch immer sehenswerten Film „Flatliners" gelten. Dies gilt für zahlreiche der von Moody extrapolierten Einzelelemente wie auch für die aus mehreren Aspekten zusammengestellte „Gerichtsszene" (Lichtwesen, Lebensrückschau, Bedeutung der Liebe). Ebenso wie das nachfolgende Zusatzmaterial kann die Auseinandersetzung mit den Nahtoderlebnissen als **Transfer und Stellungnahme** eingesetzt werden.

Hinabgestiegen in das Reich des Todes

→ Zusatzmaterial 2, S. 87

Methodischer Kommentar

Das Zusatzmaterial bietet die Möglichkeit, die filmische Umsetzung des „Jenseitsstoffes" exemplarisch in den Blick zu nehmen. Verbunden damit kann eine Auslegung dieses eigenartigsten Satzes des Apostolischen Glaubensbekenntnisses erfolgen.

Der Film „Hinter dem Horizont" greift den antiken Stoff von Orpheus und Eurydike auf. Orpheus möchte die Geliebte aus den Tiefen des Tartarus befreien und bedient sich dazu des Lautenspiels. Besänftigt durch den Klang der Musik geben die Mächte der Unterwelt Eurydike heraus. Im Film werden die Unterweltmächte v.a. als Verhärtungen des Innenlebens bei Annie inszeniert. Die dunkle Höhle (Hölle), in der sie haust, dargestellt als auf dem Kopf stehende Kirche, entspricht der Verzweiflung der modernen Eurydike, die alles verloren hat, was das Leben lebenswert macht. In sich versunken erkennt sie erst nach langem liebevollem Werben in Chris ihren Ehemann und Retter wieder. Der Bezug zum christlichen Glaubenssatz liegt genau hier: Das Bekenntnis „Hinabgestiegen in das Reich des Todes" setzt die griechische Mythologie als Vorstellungsrahmen voraus. Christus wirbt mit seiner Liebe um alle Menschen – auch die Toten –, um sie zu erlösen von den Qualen der Sünde wie der Sündenstrafen.

Weitere inhaltlich sehr gute Hinweise zu diesem Film sowie zum Genre generell sind zu finden unter http://www.theomag.de/38/sbs4.htm [12.01.2015]. Die angegebene Seite bietet sich auch als Orientierung für die Arbeit der Schüler an, wenn andere als die in Aufgabe 2 beleuchteten Aspekte ergründet werden sollen; z. B. theologisch: Allversöhnung, künstlerisch: Romantik oder Monet, kulturgeschichtlich: Dante.

Die Aufgabe 1 kann im Rahmen einer Gruppenarbeit zu einem Mini-Projekt ausgebaut werden oder als Hausaufgabe für eine Einzelarbeit geeignet sein. Ein gemeinsames Anschauen des Filmes ist sinnvoll, weil in der Erstbegegnung Fragen und Motive geklärt und Präzisierungen hinsichtlich der Aufgabenstellung vorgenommen werden können.

Das Vorweg-Entwerfen eines Filmexposés (Aufgabe 2) hat gegenüber der rein analytischen Auswertung des Filmes den Vorzug, dass die Schüler sich mit dem Film identifizieren müssen und damit in eine stärker begründende Haltung hinweingeschoben werden. Das Exposé kann auf die Darstellung des Inhalts, die Charakterisierung der Hauptfiguren, die exemplarische Entfaltung einer Szene sowie die Legitimation der Gestaltung des ganzen Films abheben. Inwiefern die theologische Perspektive mit aufgenommen wird, muss je nach Lerngruppe bzw. fingiertem Veröffentlichungsrahmen (z.B. Katholische Filmkommission) entschieden werden. Hinsichtlich der Aufgabe 3 sollte die Messlatte nicht zu hoch gelegt werden. Wichtig wäre, dass adressatenbezogen und christlich ausgelegt wird.

Trauerriten

Kurze Sachanalyse

→ **Arbeitsblatt 22, S. 84** Unter einem *Trauerritus* ist die geordnete und zumeist gemeinschaftsbezogene Bearbeitung einer Verlusterfahrung zu verstehen. Er hat in der Vergangenheit im Großen und Ganzen ein religiöses Gepräge gezeigt und ist z.B. durch Requiem, christliches Begräbnis, Seelenmesse sowie kultische oder private Grabbegehung gestaltet worden. Daneben ist mittlerweile das Aufkommen von säkularen Trauerriten feststellbar.

→ **Arbeitsblatt 19, S. 78** *Trauerarbeit* bezeichnet die Seelentätigkeit des Hinterbliebenen in der Auseinandersetzung mit dem „neuen Faktum" – der physischen Abwesenheit des geliebten Menschen bei gleichzeitiger Anwesenheit dieses Menschen in Gedanken und Gefühlen.

→ **Arbeitsblatt 23, S. 85** *Trauerbegleitung* benennt dagegen die professionelle Hilfe, die Menschen nötig haben, wenn sie den Verlust eines Mitmenschen nicht allein bewältigen können.
Die Begriffe sind relativ neuen Datums. Sie zeigen an, dass ältere, durch Kultur und Gesell-

schaft vorgegebene Formen des Umgangs mit Tod und Sterben in Abwandlung begriffen sind. Elemente dieses „Modernisierungsprozesses" sind u.a.:

- Die Überantwortung der Sterbebegleitung an Ärzte und Pflegepersonal in Klinken und Seniorenheimen. Damit einher geht der Kontaktverlust eines größeren Personenkreises mit dem Sterbenden sowie mit dem gesamten Sterbevorgang als solchem.
- Die Individualisierung von Formen der Trauerbewältigung. Festzustellen ist, dass sich jenseits von Traueranzeige, Gottesdienst und Grabstein eine Fülle neuer Arrangements finden lässt: Das Holzkreuz mit Blumenschmuck an der vielbefahrenen Landstraße, das Einspielen des Lieblingsliedes des Verstorbenen in der Trauerfeier, die intervallartige Erinnerung an den Toten in Anzeigen oder auch die emotionale Beteiligung bei Todesfällen von Medienstars, die in keinerlei (gegenseitiger) persönlicher Verbindung zum „Trauernden" gestanden haben.
- Die zurückgehende Nachfrage nach Begleitung der Angehörigen durch katholische und evangelische Geistliche. Hier zeigt sich nicht nur die wachsende Distanz zur Kirche, sondern auch das Schwinden der trostspendenden Kraft des christlichen Glaubens und seiner eschatologischen Inhalte.
- Die wissenschaftliche Aufarbeitung des Trauerprozesses und die Verwendung dieses Wissens in therapeutischen Kontexten und in Selbsthilfegruppen.

Trauerriten

→ Arbeitsblatt 22, S. 84

Methodischer Kommentar

Das Arbeitsblatt kann als **Zugang** zu einer eigenen problemorientierten Sequenz dienen oder – wie hier – die Überleitung zum **Anwendungsbezug** der vorhergehenden Überlegungen darstellen. Es bietet sich trotzdem an, die Schüler über die Aufgaben 1 und 2 zunächst einmal Fühlung mit der Problematik aufnehmen zu lassen. Möglich ist, Eindrücke von Friedhöfen („Wie soll eigentlich mein Grab aussehen?") in Fotos festzuhalten. Hier bedarf es freilich des Taktes und guter Kenntnisse hinsichtlich der persönlichen Betroffenheit durch Trauerfälle. Aufgabe 3 ist je nach Schülersozialisation sinnvoll oder nicht. Bei *wikipedia* oder *kathpedia* finden sich Basisinformationen.

Trauerphasen

→ Arbeitsblatt 23, S. 85

Methodischer Kommentar

Die Arbeit mit Standbildern bietet sich dann an, wenn ein gewisses Maß an Vertrautheit unter den Schülern vorhanden und die Atmosphäre „passend" ist. Es ist erstaunlich, welche Möglichkeiten bei der Veranschaulichung von „Sachverhalten" durch Heranwachsende vorgenommen werden können. Nicht unwichtig in diesem Kontext ist der Hinweis auf die „Wahrnehmungskompetenz" als pastorale und solidarische „Erkenntnisform". Auch Schüler können verstehen, dass hinter scheinbar unmotivierter Aggression oder unerklärlichem Verstummen bei Mitmenschen „etwas Anderes steckt". Wie kommt man an das Problem heran? Was ist zu tun? Der Lebensweltbezug des Arbeitsblattes liegt auf der Hand.

Je nach Anlage der Sequenz ist das Arbeitsblatt der **angeleiteten Problemlösung** oder der **Anwendung** zuzuweisen. Als Impuls könnte die Fragestellung aufgeworfen werden, ob die religiöse Trauerarbeit der agnostischen „überlegen" ist und wie dieses zu prüfen wäre.

→ Arbeitsblatt 24, S. 86

„Du hast den Raum mit Sonne geflutet ..." – Zwischen Berührung und Kitsch

 Methodischer Kommentar

Der Grat zwischen Kunst und Kitsch ist auch in der Popmusik schmal. Manchmal lässt nicht das Werk selbst, sondern der Verwendungszusammenhang oder die Wiederholung die Betroffenheit zu einem Klischee erstarren. Die Ballade „Der Weg" von Herbert Grönemeyer kann dabei als Beispiel dienen. Ob Schüler auf dieses Lied ansprechbar sind, müsste beobachtet werden. Es bietet sich u.U. an, sie direkt danach zu fragen.

Die Analyse der Sprachbilder („fallender Vorhang", „auf der Schussfahrt wenden") sollte angebunden sein an die Wegmarken der Beziehung zu seiner Ehefrau, die Grönemeyer selbst setzt. Eine Recherche weiterer Selbstauskünfte des Künstlers sowie das Anschauen des offiziellen Videos (*Schiff-Fahrt* als Bild) sind sinnvolle Schritte zur tieferen Erschließung des Themas. Bei Interesse können der Musik andere (bewegte) Bilder unterlegt werden. Schüler entfalten dabei häufig ein ungeahntes Interesse und bringen die dazu notwendigen Medienkompetenzen schon mit.

Wichtig ist es, ein Abschlussgespräch zu initiieren, in welchem darüber nachgedacht wird, was an künstlerischen Gestaltungen wie der vorliegenden wertvoll ist, inwiefern darin Trauerbewältigung zu erkennen ist, aber auch, wie mit der zentralen Erkenntnis umzugehen ist: „Das Leben ist nicht fair!"

Das Arbeitsblatt kann den Teilaspekt *Trauer* wie auch den kompletten Baustein abschließen. In jedem Fall sollte ein Rekurs nicht nur die fachlichen Gesichtspunkte zur Beantwortung des eingangs aufgeworfenen Frage beinhalten, sondern auch eine persönliche **Stellungnahme**.

→ Zusatzmaterial 3, S. 88

Interview mit Nikolaus Schneider (Klausur)

 Methodischer Kommentar

Der **Klausur**vorschlag besitzt ein mittleres Anforderungsniveau und nimmt in allen Aufgabenteilen direkte Unterrichtsbezüge vor: Persönliche Betroffenheit, Fragen zu zentralen christlichen Glaubensüberzeugungen, Bildhaftigkeit von theologischer Sprache und Vorstellungen, Rekurs auf biblische Texte etc. Es ist möglich, in Aufgabe 2 die Bildmeditation Fendrichs zuhilfe zu nehmen. Dann sollte allerdings der Bezug zum vorliegenden Klausurtext deutlich zu erkennen sein, um als Leistung im AFB II anerkannt werden zu können. In Aufgabe 3 sollten neben der Einschätzung der „persönlichen Glaubwürdigkeit" Schneiders die Trauerphasen von Verena Kast einen zentralen Bezugspunkt bilden.

Ein Koffer für die letzte Reise

Fritz Roth: Einmal Jenseits und zurück

„Ein Koffer für die letzte Reise" ist der Titel des Kunstprojektes, in dessen Rahmen wir aufforderten, sich zu besinnen: auf die Endlichkeit jeden Lebens, auf die Notwendigkeit der Identifikation des individuell Wesentlichen. Insgesamt 103 Bürger aus allen Teilen des Landes und seiner Bevölkerung – Frauen und Männer, Alte und Junge, Künstler und Handwerker, Prominente und Nicht-Prominente – packten den Koffer, der sie auf der Reise aus diesem Leben begleiten könnte.

Wir waren gespannt: Was würden die von uns zur Verfügung gestellten, identischen Koffer enthalten? Würden es ähnliche oder völlig unterschiedliche Dinge sein? Sentimentales oder Praktisches? Erinnerung oder Ausrüstung?

Natürlich hatten wir gehofft, dass die Inhalte der „Koffer für die letzte Reise" so vielfältig sein würden wie die Menschen und ihre Biografien, wie die Träume und Weltanschauungen der Packenden.

Womit wir nicht rechnen konnten, war schließlich die Intensität, mit der jeder einzelne Koffer uns konfrontieren würde. [...]

Oft schon am Tag nach Eingang der Einladung, so berichteten uns viele Teilnehmer, kreisten ihre Gedanken unaufhörlich um den Koffer und um die Bedeutung dessen, was mitgenommen werden sollte. Manch einer kam am Ende darauf, dass der Koffer leer bleiben müsse – mal aus Überzeugung, mal als Ausdruck der Unlösbarkeit der Aufgabe. Mancher sagte überfordert ab. Andere, mit unserer Mitteilung konfrontiert, dass die angestrebte Zahl von 100 Teilnehmern erreicht und ihre Zusage nicht mehr berücksichtigt werden könne, erlebten daraufhin persönliche Krisen. So kam es, dass unser Projekt nun 103 statt der ursprünglich geplanten 100 Koffer umfasst.

In der Gesamtschau ergab das Projekt ein berührendes, faszinierendes Bild dessen, was Menschen wirklich wichtig und nahe ist – oder dessen Nähe wir uns wirklich wünschen. Und so wurde auch dieses Buch viel mehr als der Katalog zur Ausstellung des Projektes „Ein Koffer für die letzte Reise".

Fritz Roth (Hg.), Einmal Jenseits und zurück. Ein Koffer für die letzte Reise, Gütersloher Verlagshaus, Gütersloh ⁴2010, S. 5f.

„Wer glaubt, etwas mitnehmen zu können, wird sich wahrscheinlich wundern." – Koffer des Journalisten Franz Alt auf dem Cover des Buchs „Einmal Jenseits und zurück"

1. Angenommen, Fritz Roth hätte Ihnen den auf dem Cover abgebildeten Koffer zugeschickt. Wie hätten Sie reagiert? Notieren Sie einige Gedanken.

2. Packen Sie einen eigenen Koffer und schreiben Sie einen kurzen Begleittext für das Buch von Fritz Roth. Oder fragen Sie Familienmitglieder oder Bekannte, ob sie sich beteiligen würden. Stellen Sie die Ergebnisse (evtl. Fotos) im Klassenraum aus und vergleichen Sie diese.

Esther Maria Magnis: Ratlosigkeit angesichts des Todes

Bei uns im Haus saß ich meistens auf dem Dachboden. Da stopfte ich mir manchmal eine von Papas Pfeifen mit dem alten vertrockneten Tabak, versuchte, sie zu rauchen, und dachte an Tod. Ich hatte keinen eigenen Gedanken über ihn. Brauchte ich vorher ja auch nicht. Mein Großvater war gestorben, als ich acht war. Nach der Beerdigung hatten wir einen Spaziergang im Wald gemacht. Da war der Boden voll roten Laubes, und überall schossen Pilze aus der Erde, und ich erinnere mich an die Frage, wo Opa nun sei. Ob dieser Weg hier im Wald auch durch den Himmel führe, denn, wenn er, wie das die Großen sagten, „noch bei uns" war, dann musste es diesen Weg im Himmel geben, oder der Himmel war hier. Oder so.

Das war alles, was ich zum Tod an Gedanken hatte, bis zu dem Zeitpunkt, als mein Vater dann starb. Natürlich hatte ich auch diese Phase in der achten Klasse oder so, in der ich Reinkarnation sehr viel ansprechender fand als Himmel und Hölle. An die Hölle glaubte ich sowieso nicht. Das musste man als Katholik auch gar nicht. Glaubten die anderen auch nicht. Außer für Hitler vielleicht.

Reinkarnation also. Das waren aber keine wirklich weitreichenden Gedanken, die mir dazu kamen. Meine Freundinnen und ich fanden einfach nur, dass Reinkarnation sympathischer klang. Und es hatte uns ja auch keiner gesagt, dass man auch als Stein wiedergeboren werden kann. Es sah also relativ dürftig aus in meinem Kopf, als Papa starb. […]

Meine Not damals war so riesig. Und die Antworten so billig. Ich sah, dass die Sicherungen rausflogen, wenn es um den Tod ging, und sie ernsthaft, die Großen, die Erwachsenen, die Kritischen, die Realisten, den kleinen Prinzen zitierten mit den tröstenden Worten, dass der Tote jetzt ein Stern sei, der von oben auf uns hinunterschaut. Ja. Danke auch.

„Ich glaube, dein Papa ist immer dabei, der kriegt das hier alles mit", sagten manche, von denen ich wusste, dass sie an nichts glaubten, aber daran dann plötzlich schon, oder so.

„Dein Vater ist jetzt ein Engel", sagte irgendeine Frau zu mir, die auch nicht gläubig war, und ich hätte so gern zurückgefragt: „Einer von den kleinen, fetten, nackten oder einer von den großen im Nachthemd mit Harfe?"

„Wir tragen ihn im Herzen weiter", sagten Atheisten und auch Priester, die längst nicht mehr an den Himmel glaubten, und das sollte wohl Trost sein, und offenbar wussten sie nicht, wie beschissen schwer ein anderer Mensch im Herzen wiegt. Wie unmöglich es ist, das allein zu tragen, und wie unsagbar dumm es ist, das als alleinige Antwort zu nehmen für die Frage danach, wo unsere Existenz einmal bleibt. Das war so entwürdigend. Das war so wenig. Traut euch doch wenigstens zu sagen, dass er futsch ist, dachte ich, und dass sich in hundert Jahren niemand, kein Einziger an ihn erinnern wird. Dass es so sein wird, als hätte es ihn, mich und dich niemals gegeben. Das glaubt ihr doch eigentlich. […]

„In unserer Erinnerung lebt er weiter", „in unserem Herzen wird er nicht sterben". Bullshit! Ich konnte das nicht mehr hören. Was sollte überhaupt dieses irre Gerede vom Herzen. Als sei mein Herz ein ausschließlich ehrenwerter Ort. Als sei mein Vater da in guter Gesellschaft. Als wären unser aller Herzen so wahnsinnig treu. Als wäre das Herz ein heiliger Schrein der Wahrheit, in dem ein Mensch ganz erfasst werden könnte. Herz – und so was ausgerechnet von einer Gesellschaft, die das Wort „Seele" nur mit Synapsen beschreiben kann, aber der pumpende Fleischklumpen unter den Rippen, der eignet sich als neuer Himmel, oder was?

Wer einen Menschen liebt, hat doch Not. Der will doch wissen, wo der andere bleibt, wenn er stirbt. Und zwar wirklich. Wer einen Menschen liebt, der hat doch die Not, dass diese Liebe durch den Tod des Menschen zum Witz wird. Ziellos. Faul. Die Liebe bleibt, aber ihr Ziel ist weg und futsch. Dann muss man diese Liebe irgendwo in der Vergangenheit verankern, dann liebt man rückwärts, dann lässt man sich den Köter ausstopfen oder die Urne auf den Kamin stellen, oder man bastelt einen Schrein und schaut sich jeden Abend alte Videos an, auf denen der Tote lachend in die Kamera winkt, so lange, bis das Band an dieser einen Stelle knitterig wird und das Bild verwackelt.

Wer das nicht will angesichts des Todes, dem bleibt nichts anderes übrig, als seine Liebe sterben zu lassen mit dem, der stirbt, um Erlösung zu erlangen von der Liebe. Denn wenn die Person nicht mehr existiert, nirgendwo, dann ist meine Liebe überflüssig. Sie macht weder die Person noch mich lebendig. Sie ist dann Liebe, die einem am Bein hängt und mit einem nur noch durchs Leben stolpert, weil sie nicht mehr nach vorne sehen kann, sich die ganze Zeit nach hinten umdreht, erinnert, weil sie sich nur noch an mir festkrallt, weil sie den Absprung verpasst hat zu gehen, mit dem, der gegangen ist.

Wenn es so ist, dachte ich damals, wenn das das Ziel sein musste, dass die Liebe logischerweise, auch wenn es sich die wenigsten eingestehen, mitsterben soll, dann — dagegen vermochte ich nichts zu sagen. So eine Liebe kannte ich nicht. Ich kannte nur Liebe,

105 die Ewigkeit fordert. Eine andere hatte ich nicht. Und wenn sie als Säugling vor mir gelegen wäre, dann hätte ich ihr doch, früher oder später, das Genick brechen müssen. Weil man das Krähen nicht aushält. Weil einen das wahnsinnig macht.

Esther Maria Magnis, Gott braucht dich nicht, Reinbek bei Hamburg, Rowohlt, 2012, S. 118–129

1. *Beschreiben Sie anschaulich die Seelennot der jungen Frau.*

2. *Setzen Sie sich mit der Kritik der Autorin an der gängigen Trauerbegleitung auseinander:*
   - *Sammeln Sie dazu Motive und Formen des Trauerausdrucks (z. B. Todesanzeigen, Kondolenzschreiben, Ansprachen und Predigten) und werten Sie diese aus.*
   - *Geben Sie u.U. eigene Erfahrungen wieder, die denen der Autorin ähneln oder davon abweichen.*

3. *Suchen Sie ein Bildmotiv, das den Gefühlen und Gedanken in einer Trauersituation Ausdruck verleiht. Begründen Sie Ihre Auswahl.*

Die „Erfindung" der Seele

Der in den westlichen Gesellschaften wie auch in den islamisch geprägten Kulturkreisen anzutreffende Vorstellungskomplex von einem (personalen) Fortleben nach dem Tod wurzelt in einer Synthese aus ägyptischem, griechischem und biblisch-jüdischem Denken. Die Nilzivilisation zelebrierte schon Jahrtausende vor unserer Zeitrechnung eine ausgedehnte Totenkultur mit fest umrissenen Ritualen und Jenseitsvorstellungen. Im Totengericht beschwört der Verstorbene seinen gerechten Lebenswandel, als Prüfung wird sein Herz gegen die Gerechtigkeit („Maat" in Gestalt einer Feder) aufgewogen. Die Götter begleiten den Menschen durch das Totenreich oder vollziehen das Werk der Gerechtigkeit strafend oder belohnend. Damit im Zusammenhang steht die Vorstellung von den drei Seelen, die der Mensch zu eigen habe: *Ka* als körperloser und lebensspendender Schutzgeist-Doppelgänger, *Ba* als Verkörperung des Charakters und *Ach* als Beschützerin der Totenruhe.

Die griechische Philosophie systematisierte die ägyptische Vorstellung, indem sie eine Konzentration des Begriffs auf das durchführte, was wir heute als „Person" bezeichnen – freilich als geistig-körperloses Prinzip. Platon (427–347 v. C.) geht von der Prä- und Postexistenz der Seele aus, die Anteil an der jenseitigen göttlichen Ideenwelt hat und nur für die kurze Dauer des Lebens an die physische Erdenexistenz gebunden ist. Der Neuplatonismus im dritten nachchristlichen Jahrhundert markiert die Unterscheidung noch stärker als Platon normativ, indem er das irdische Leben als minderwertig gegenüber dem „himmlisch-ewigen" Leben ansieht.

Günter Nagel

Ausschnitt aus dem Totenbuch des Hunefer, Theben/Ägypten um 1285 v. C.: Ausgeschmückte Grabkammern von vornehmen Beamten geben einen Einblick in die Jenseitsvorstellungen der ägyptischen Kultur. Die Zeichnungen waren nicht für die Öffentlichkeit bestimmt, sondern sind eine Form der Grabbeigabe. Der Schreiber Hunefer wird von dem Wächtergott Anubis vor die Totenwaage gebracht. Sind Herz (im Gefäß) und Maat (Feder) im Gleichgewicht, ist bewiesen, dass Hunefer ein sittliches Leben geführt hat. Thot notiert das Ergebnis. Anschließend führt der Begleitgott Horus den Toten vor den Unterweltgott Osiris. Er trägt die Letztentscheidung über das Geschick des Hunefer.

1. Fassen Sie die Hauptaspekte des Sachtextes oben zusammen und stellen Sie Vergleiche zum Christentum an.

2. Diskutieren Sie: Wie könnte die Idee einer vom Körper losgelösten Seele in die Welt gekommen sein? Warum wird die Vorstellung heute infrage gestellt?

Sterben als Heimkehr zu Gott

Herbert Fendrich: Glauben und Sehen

Rembrandt malt die Heimkehr des verlorenen Sohnes. Auf den allerersten Blick mag vielleicht nicht aufgehen, was ein Bild zu einem jesuanischen Gleichnis, das streng exegetisch genommen sicher nicht eschatologisch ist, mit unserem Thema zu tun hat. Aber die mehr volkstümliche Auslegungstradition der Geschichte vom „verlorenen Sohn" hat in ihr immer das Bild des menschlichen Lebensweges gesehen und die Heimkehr ins Vaterhaus als Heimkehr zu Gott am Ende des Lebens, als Eintritt ins ewige Leben gedeutet.

Ohne Frage hat Rembrandts Bild eben diesen lebensgeschichtlichen Sinn, und dies – was eine besondere Qualität des Werkes ist – auch in sehr persönlicher Weise. Den Maler Rembrandt hat die Thematik des Gleichnisses zeit seines Lebens beschäftigt, in zahlreichen Skizzen, Radierungen und Gemälden. Und am Ende seines Lebens malt Rembrandt dieses Bild von der Heimkehr des Sohnes; er wird damit gar nicht mehr fertig, Schüler vollenden es in seiner Werkstatt. Selbst die eher nüchternen Kunsthistoriker, die wenig zu Romantizismen neigen, erkennen und anerkennen den biografischen Ernst und die ungewöhnliche Authentizität dieses Werkes. Hier spricht ein alter Mann sein letztes Wort, ein Künstler fasst in einem Bild seine Lebenserfahrungen mit allen Höhen und Tiefen zusammen und spricht von seiner Hoffnung über dieses Leben hinaus, er schuf dieses Werk, „als er, selber arm geworden, auf die Heimkehr in das ewige Vaterhaus wartete" […].

Sicher ist das Bild in erster Linie ein persönliches Bekenntnis des Malers; er sagt mit seinem Werk: Der Tod, dessen Nähe ich spüre, wird mich zu Gott führen, ich werde seine Liebe und Güte erfahren, er wird mich annehmen und aufnehmen mit meiner ganzen elenden Geschichte. Aber das Bild ist zugleich so angelegt, dass auch der Betrachter diese Geschichte auf sich beziehen, sich von ihr ergreifen lassen kann. […]

Hat Rembrandt hier eine angemessene Bildsprache gefunden für den christlichen Glauben an etwas danach? Im Kontext solcher Überlegungen scheinen mir in dem Bild zwei Beobachtungen bedeutsam. Zum einen spielt sich die Begegnung zwischen Vater und Sohn auf der Schwelle des Vaterhauses ab. Das ist ja keineswegs selbstverständlich, ist streng genommen mit dem biblischen Text schwerlich vereinbar: „Der Vater sah ihn schon von weitem kommen … er lief dem Sohn entgegen" (Lk 15,20).

Wenn in Rembrandts Bild das Vaterhaus zwar im Hintergrund zu erahnen ist, aber letztlich im Dunkel verborgen bleibt, so ist dies sicherlich eine der Thematik angemessene Diskretion und Zurückhaltung. Zugleich wird aber mit dem aus dem Dunkel hervortretenden Vater etwas von dieser verhüllten Wirklichkeit offenbar; formal korrespondiert die Torarchitektur im Hintergrund mit dem offenen roten

Rembrandt, Die Heimkehr des verlorenen Sohnes, Öl auf Leinwand, 1668/69

Mantelumhang des Vaters: Den Heimkehrer erwartet ein Raum, der Geborgenheit, Wärme und Liebe atmet, ihn erwartet aber insbesondere eine Person. Vielleicht führt dieser Sachverhalt uns zurück in die christologische Mitte des Gleichnisses, zu der Aussage, dass die vergebende Liebe und Menschenfreundlichkeit Gottes in seinem Sohn erschienen und in der Welt erfahrbar geworden ist. Jesus Christus ist der Bote Gottes, der aus dem unzugänglichen Jenseits hervorgetreten ist: Alles, was man über diese Wirklichkeit sagen kann, muss man von den Erfahrungen mit diesem Jesus her sagen.

Die zweite für unseren Zusammenhang bedeutsame Beobachtung scheint mir zu sein, dass innerhalb der von Rembrandt entworfenen Szenerie das Sehen eigentlich keine Rolle spielt. Der Sohn kuschelt sich nahezu in das Dunkel des Vaterschoßes und hat wohl auch die Augen geschlossen. Der greise Vater hat die Augenlider gesenkt und wirkt wie ein Blinder, der den Sohn ertastet: die beiden spüren sich intensiv, aber zu sehen gibt es nichts. [...] Alles vollzieht sich im Übrigen schweigend, auch dies ein Akzent, der so mit der Gleichniserzählung (Lk 15,21–24) nicht so leicht zu harmonisieren ist, aber die Konzentration auf das Tasten, das Fühlen und Spüren verstärkt. Kein Laut ist zu hören und nichts ist zu sehen; es ist Letzteres eine bewegende Einsicht für einen Maler, die aber in seinem Spätwerk immer wieder deutlich wird: Es gibt Schichten und Dimensionen der Wirklichkeit, die dem Augensinn verschlossen bleiben, aber nichtsdestotrotz sogar entscheidende und wichtige Realitäten sind.

Herbert Fendrich, Glauben und Sehen. Von der Fragwürdigkeit der Bilder, Münster, Aschendorff-Verlag ²2007, S. 125–128

Rembrandt, Der verlorene Sohn, Radierung, 1636

1. Geben Sie die Bild-Beschreibung Fendrichs mit eigenen Worten wieder.

2. Nehmen Sie weitere Bildelemente des Gemäldes auf und entfalten Sie diese in Fendrichs Sinne.

3. Die Radierung Rembrandts aus dem Jahre 1636 unterscheidet sich formal sehr deutlich von dem Gemälde.
- Arbeiten Sie die Unterschiede heraus.
- Prüfen Sie, welche Version dem Bibeltext Lk 15,11–32 näher steht.

4. Erörtern Sie, ob die von Fendrich verwendeten Metaphern „Vaterhaus", „Heimkehr", „Geborgenheit und Wärme", „kuscheln" sinnvolle Begriffe für die Hoffnung auf ein Leben bei Gott darstellen. Schlagen Sie ggf. alternative Bildworte vor und begründen Sie Ihre Wahl.

Nahtoderlebnisse – Hinweise auf ein Leben nach dem Tod?

Im Jahre 1975 veröffentlichte der Mediziner Raymond A. Moody ein Buch mit dem Titel „Life after Life". In ihm gibt er Fallgeschichten wieder von Menschen, die in lebensbedrohlichen Situationen gewesen sind und einen „Blick nach drüben" geworfen haben sollen. Elemente aus den Erzählungen der „Wiederbelebten", die häufig genannt worden sind, hat Moody in 15 Bausteinen zu einem idealtypischen Erlebnis, einer „Modellerfahrung" zusammengestellt:

Raymond A. Moody: Leben nach dem Tod

Ein Mensch liegt im Sterben. Während seine körperliche Bedrängnis sich ihrem Höhepunkt nähert, hört er, wie der Arzt ihn für tot erklärt. Mit einemmal nimmt er ein unangenehmes Geräusch wahr, ein durchdringendes Läuten oder Brummen, und zugleich hat er das Gefühl, dass er sich sehr rasch durch einen langen, dunklen Tunnel bewegt. Danach befindet er sich plötzlich außerhalb seines Körpers, jedoch in derselben Umgebung wie zuvor. Als ob er ein Beobachter wäre, blickt er nun aus einiger Entfernung auf seinen eigenen Körper. In seinen Gefühlen zutiefst aufgewühlt, wohnt er von diesem seltsamen Beobachtungsposten aus den Wiederbelebungsversuchen bei.

Nach einiger Zeit fängt er sich und beginnt, sich immer mehr an seinen merkwürdigen Zustand zu gewöhnen. Wie er entdeckt, besitzt er noch immer einen „Körper", der sich jedoch sowohl seiner Beschaffenheit als auch seinen Fähigkeiten nach wesentlich von dem physischen Körper, den er zurückgelassen hat, unterscheidet. Bald kommt es zu neuen Ereignissen. Andere Wesen nähern sich dem Sterbenden, um ihn zu begrüßen und ihm zu helfen. Er erblickt die Geistwesen bereits verstorbener Verwandter und Freunde, und ein Liebe und Wärme ausstrahlendes Wesen, wie er es noch nie gesehen hat, ein Lichtwesen, erscheint vor ihm. Dieses Wesen richtet – ohne Worte zu gebrauchen – eine Frage an ihn, die ihn dazu bewegen soll, sein Leben als Ganzes zu bewerten. Es hilft ihm dabei, indem es das Panorama der wichtigsten Stationen seines Lebens in einer blitzschnellen Rückschau an ihm vorüberziehen lässt. Einmal scheint es dem Sterbenden, als ob er sich einer Art Schranke oder Grenze nähere, die offenbar die Scheidelinie zwischen dem irdischen und dem folgenden Leben darstellt. Doch wird ihm klar, dass er zur Erde zurückkehren muss, da der Zeitpunkt seines Todes noch nicht gekommen ist. Er sträubt sich dagegen, denn seine Erfahrungen mit dem jenseitigen Leben haben ihn so sehr gefangengenommen, dass er nun nicht mehr umkehren möchte. Er ist von überwältigenden Gefühlen der Freude, der Liebe und des Friedens erfüllt. Trotz seines inneren Widerstandes – und ohne zu wissen, wie – vereinigt er sich dennoch wieder mit seinem physischen Körper und lebt weiter.

Bei seinen späteren Versuchen, anderen Menschen von seinem Erlebnis zu berichten, trifft er auf große Schwierigkeiten. Zunächst einmal vermag er keine menschlichen Worte zu finden, mit denen sich überirdische Geschehnisse dieser Art angemessen ausdrücken ließen. Da er zudem entdeckt, dass man ihm mit Spott begegnet, gibt er es ganz auf, anderen davon zu erzählen. Dennoch hinterlässt das Erlebnis tiefe Spuren in seinem Leben; es beeinflusst namentlich die Art, wie der jeweilige Mensch dem Tod gegenübersteht und dessen Beziehung zum Leben auffasst.

Raymond A. Moody, Leben nach dem Tod. Die Erforschung einer unerklärlichen Erfahrung, Reinbek, Rowohlt, 1977, S. 27–29

---

1. Identifizieren Sie die Bausteine, aus denen der „Bericht" Moodys zusammengesetzt ist.

2. Recherchieren Sie nach Details zu den Themen Nahtoderfahrungen und Nahtodforschung und tragen Sie diese in systematischer Form in der Klasse vor.

3. Prüfen Sie, ob Bestandteile des Moody-Textes Berührungen mit dem christlichen Glauben bzw. mit Vorstellungen, die auf dem vorhergehenden Arbeitsblatt skizziert worden sind, aufweisen. Erläutern Sie Ihre Überlegungen.

Trauerriten

Trauerfeier für den Fußballtorwart Robert Enke in Hannover. Der Nationalspieler litt an Depressionen und nahm sich im November 2009 das Leben. Enke und seine Frau hatte einige Jahre zuvor ein schwerer Schicksalsschlag getroffen. Ihre Tochter Lara starb mit zwei Jahren an einer unheilbaren Krankheit.

Grabpflege hält das Gedenken an einen verstorbenen Angehörigen aufrecht und „demonstriert" zugleich der Umwelt die Wertschätzung des Toten durch die Hinterbliebenen.
Häufig ist die Bestattung allerdings auch schon auf die Vermeidung solcher Arbeiten abgestellt: Die Beisetzungen auf Grünflächen oder anonyme Bestattungen nehmen zu. Katholische Gläubige drücken die bleibende Verbindung zu den Verstorbenen durch das Seelenamt sowie das Schmücken der Gräber mit Lichtern an Allerheiligen und Allerseelen aus.

Hat der schlechte Geschmack den Tod erreicht?
Auf Grabsteinen liegen nun Zahnbürsten und Rasierapparate der Verstorbenen, deren Lieblingsschokolade oder eine Flasche vom Lieblingsbier. Die Hinterbliebenen drapieren Skateboards auf Grabplatten, lassen Miniaturautos vor Urnenwänden baumeln und legen Telefone der Toten ab – als könne man sie jederzeit erreichen.

GeoWissen, Nr. 51, Vom guten Umgang mit dem Tod, S. 150, 2013

1. Stellen Sie eigene Erfahrungen und Beobachtungen zum Thema Trauerriten, Trauerverarbeitung und Totengedenken zusammen.

2. Gehen Sie über einen Friedhof und sammeln Sie Eindrücke von der Art und Weise der Gestaltung der Flächen und der Gräber. Werten Sie Ihre Eindrücke gemeinsam aus.

3. Formulieren Sie aus katholischer Sicht einige Gedanken zum Sinn des Brauchtums an Allerseelen.

Trauerphasen

Die wissenschaftliche Beschäftigung mit Sterben, Tod und Trauer hat zu einer Systematisierung und populären Aufbereitung von Kenntnissen in diesem Themenfeld geführt. Durch die Beobachtung und Begleitung Trauernder kommt die Psychologie zu idealtypischen Darstellungen des Trauerprozesses. Das bekannteste Modell stammt von der Schweizer Psychologin Verena Kast:

Nicht-Wahrhaben-Wollen: Die erste Trauerphase
In dieser Trauerphase nimmt der Trauernde das Geschehene noch nicht an. Es erscheint ihm zu dem Zeitpunkt nicht real, dass ein naher Angehöriger oder enger Freund gestorben ist. Meist treten stattdessen körperliche Symptome wie Zittern, Schweißausbrüche und andauernde Übelkeit auf. Der Betroffene befindet sich in einer Art Schockzustand.

Aufbrechende Emotionen: Die zweite Trauerphase
Nachdem sich die erste Phase der Trauer vor allem durch eine tiefe Leere auszeichnet, kommt es nun zu Gefühlsausbrüchen und die Emotionen überwältigen den Trauernden. In dieser Phase der Trauer weicht die anfängliche Ohnmacht dem Zorn über den Verlust. Trauernde suchen nach einem Grund und einem Schuldigen, um den Verlust nachvollziehbarer zu machen. Um die Wut zu kontrollieren, kann ein Ausgleich in Form von Gesprächen sehr hilfreich sein. Dabei sollen die Gefühle nicht verdrängt, sondern umgewandelt werden.

Suchen und Sich-Trennen: Die dritte Trauerphase
In dieser Phase versuchen Trauernde, dem Verstorbenen noch einmal nah zu sein. Dies tun sie beispielsweise, indem sie sich immer wieder Bilder von ihm ansehen oder Orte aufsuchen, die eine gemeinsame Geschichte haben. Außerdem lassen sie ihn in Erzählungen weiterleben. Vielleicht ertappen sie sich auch manchmal selbst dabei, wie sie in „Was wäre wenn"-Gedanken schwelgen.

Den Tod akzeptieren und den Kontakt zum realen Leben wiederfinden: Die vierte Phase
Im Verlauf dieser Phase wird den Betroffenen immer bewusster, dass der geliebte Mensch nicht mehr zurückkommt, und sie beginnen, sich mit seinem Tod auseinanderzusetzen und diesen wirklich zu akzeptieren. Emotionale Ausbrüche sind trotzdem nicht selten. Wichtig ist es, sich nicht in dieser Phase der Trauer zu verlieren und die Sehnsucht nach dem Verstorbenen nicht größer werden zu lassen als reale soziale Verbindungen wie Freundschaften und Verwandtschaft.
In der Phase der Akzeptanz haben Trauernde das Geschehen angenommen und akzeptiert. Natürlich besteht die Traurigkeit über den Verlust auch weiterhin, aber es wurde ein Weg gefunden, mit ihr umzugehen. Im Inneren ist der Verstorbene ein ständiger Begleiter – dieser Gedanke ist sehr tröstlich. Der Trauernde ist nun wieder in der Lage, sein eigenes Leben in die Hand zu nehmen und neues Selbstvertrauen zu entwickeln.

Wie Sie mit dem Verlust eines geliebten Menschen umgehen – die vier Phasen der Trauer: http://www.curendo.de/abschied-und-trauer/trauerphasen/ [3.2.2015]

---

1. *Bringen Sie die einzelnen Trauerphasen in Form von Standbildern zum Ausdruck.*

2. *Untersuchen Sie die Erinnerungen von Esther Maria Magnis mithilfe des Kast-Modells.*

3. *„Wozu muss man das denn wissen?" (Kommentar einer Schülerin)*
Diskutieren Sie den praktischen Wert des Trauerphasenmodells von Verena Kast.

„Du hast den Raum mit Sonne geflutet ..." – Zwischen Berührung und Kitsch

Nach dem Tod seiner Frau 1998 fällt der Künstler Herbert Grönemeyer in eine existenzielle und in eine Schaffenskrise. Die CD „Der Mensch" (2002) zeigt mit seinen Liedern das Ende dieser Phase an. Es ist bis heute das meistverkaufte Album in Deutschland. Das Lied „Der Weg" ist eine Auskopplung aus dem Album und gilt gemeinhin als das beste des Musikers.

Herbert Grönemeyer: Der Weg

Ich kann nicht mehr sehn, trau nicht mehr meinen Augen,
kann kaum noch glauben – Gefühle haben sich gedreht.
Ich bin viel zu träge, um aufzugeben.
Es wär auch zu früh, weil immer was geht.

5 Wir waren verschwor'n, wärn füreinander gestorben,
hab'n den Regen gebogen, uns Vertrauen geliehn.
Wir haben versucht, auf der Schussfahrt zu wenden.
Nichts war zu spät, aber vieles zu früh.

Wir haben uns geschoben durch alle Gezeiten,
10 haben uns verzettelt, uns verzweifelt geliebt.
Wir haben die Wahrheit, so gut es ging, verlogen.
Es war ein Stück vom Himmel, dass es dich gibt.

Du hast jeden Raum mit Sonne geflutet,
hast jeden Verdruss ins Gegenteil verkehrt.
15 Nordisch nobel – deine sanftmütige Güte,
dein unbändiger Stolz ... Das Leben ist nicht fair.

Den Film getanzt in einem silbernen Raum.
Vom goldnen Balkon die Unendlichkeit bestaunt.
Heillos versunken, trunken, und alles war erlaubt.
20 Zusammen im Zeitraffer. Mittsommernachtstraum.

Du hast jeden Raum mit Sonne geflutet,
hast jeden Verdruss ins Gegenteil verkehrt.
Nordisch nobel – deine sanftmütige Güte,
dein unbändiger Stolz ... Das Leben ist nicht fair.

25 Dein sicherer Gang, deine wahren Gedichte,
deine heitere Würde, dein unerschütterliches Geschick.
Du hast der Fügung deine Stirn geboten.
Hast ihn nie verraten, deinen Plan vom Glück,
deinen Plan vom Glück.

30 Ich gehe nicht weg, hab meine Frist verlängert.
Neue Zeitreise, offene Welt.
Habe dich sicher in meiner Seele.
Ich trag dich bei mir, bis der Vorhang fällt.
Ich trag dich bei mir, bis der Vorhang fällt ...

Herbert Grönemeyer: Der Weg, Grönland Musikverlag, Berlin

1. Interpretieren Sie das Lied von Herbert Grönemeyer. Gehen Sie dabei auf die verwendeten Sprachbilder ein.

2. Es ist zu beobachten, dass Beerdigungen immer häufiger durch eine sehr individuelle Musikauswahl geprägt werden. Religiöses und Klassisches wird ersetzt durch „Authentisches". Worin liegt der Sinn? Wo ist die Grenze zum „Fremdschämen" überschritten? Entwickeln Sie unter Berücksichtigung des Liedes „Der Weg" einige hilfreiche Gesichtspunkte zur Wahl von Musik bei Beerdigungen.

Hinabgestiegen in das Reich des Todes

Hinter dem Horizont
Der Kinderarzt Chris (Robin Williams) stirbt bei einem Autounfall wie kurz zuvor seine beiden Kinder. Er kommt ins „Paradies", aber die Trennung von seiner Gattin Annie lässt ihn verzweifeln. Sie im Diesseits und er im Jenseits können ohne einander nicht existieren. Mithilfe des himmlischen Tutors Albert kann Chris seine Annie zwar besuchen und beobachten, aber keinen Kontakt zu ihr aufnehmen. Hilflos muss er zusehen, wie sie aus Gram über ihre ausgelöschte Familie Selbstmord begeht. Zwar vermeidet der Film weitgehend religiöse Motive, die christliche Todsünde des Selbstmords benutzt er jedoch als dramaturgischen Kniff, um Annie in die Hölle zu schicken. …

Robin Williams im Film „Hinter dem Horizont" (1998)

Christus mit der Lyra, einem antiken Saiteninstrument
Die Wandbemalung aus einer römischen Katakombe spielt an auf den Orpheus-Mythos. Der Sänger hatte versucht, seine verstorbene Ehefrau Eurydike aus der Unterwelt zu befreien. Mit seinem Gesang gelang es ihm, die dort herrschenden Mächte zu besänftigen. Frühchristliche Theologen sahen darin ein Sinnbild für Christus, der „zwischen Karfreitag und Ostersonntag" bei einem Abstieg in die Totenwelt die dort verweilenden Sünder errettet habe.

Christus als Orpheus (Katakomben)

1. *Erkundigen Sie sich nach dem Orpheus-Mythos und versuchen Sie, dessen modernen Sinn freizulegen.*

2. *Gestalten Sie ein Filmexposé, das den oben eingespielten Plot des Filmes „Hinter dem Horizont" weiter und zu Ende führt.*

3. *„Hinabgestiegen in das Reich des Todes": Legen Sie diesen Satz des Apostolischen Glaubensbekenntnisses in einer predigtartigen Ansprache für junge Menschen heute aus.*

Was darf der Glaube hoffen? (Klausur)

Ein Gespräch mit dem Ratsvorsitzenden der evangelischen Kirchen in Deutschland Nikolaus Schneider

Herr Schneider, Sie sind Vater von drei Töchtern. Sie mussten aber als Vater einen schweren Schicksalsschlag hinnehmen. 2005 haben Sie Ihre jüngste Tochter Meike verloren. Sie hatte Leukämie. Gibt es für Sie einen Ort, wo Ihre Tochter jetzt ist?

Nikolaus Schneider Die Begrifflichkeit ist schon schwierig. Was heißt Ort? Wir sprechen ja meist in Bildern, reden vom Gottesreich, sagen, dass jemand bei Gott geborgen ist, bei ihm zu Hause. Wie das genau ist, wie man sich das vorstellen kann, in Analogie zu unserem dreidimensionalen Denken oder zu unserer Vorstellung vom Weltall und von der Erde und den Himmelskörpern, das weiß ich auch nicht. Aber ich bin davon überzeugt, dass der Tod nicht Meikes endgültige Vernichtung war, sondern dass sie bei Gott aufgehoben ist, bei Gott geborgen ist und dass sie dort in einer Weise weiterlebt, die auch ihre Identität bewahrt.

Wenn man den Ort nicht beschreiben kann, wo Ihre Tochter jetzt ist, kann man dann wenigstens genauer die „Qualitäten" dieses Lebens nach dem Tod beschreiben?

Nikolaus Schneider: Ja, da haben wir die schönen biblischen Bilder, dass das wirklich ein Leben in Fülle sei, dass das, was wir als so beschwerlich und bruchstückhaft und einschränkend in unserem jetzigen Leben empfinden, dort nicht sein wird. Der Begriff Gott steht ja für ein Leben in Fülle, Gott ist das Leben überhaupt, und daran wird sie Anteil haben. Daran werden wir Anteil haben, wenn wir in sein Reich kommen.

Glauben Sie, dass Sie Ihre Tochter nach dem Tode wiedersehen werden?

Nikolaus Schneider: Das hoffe ich sehr. Und es gibt schöne Berichte aus der Heiligen Schrift, die sagen, dass wir eben auch unsere Identität bewahren und sozusagen neu geschaffen werden. Wie das sein wird, dafür haben wir auch wieder nur Bilder. Der Apostel Paulus sagt das im Korintherbrief in diesen Gegensätzen: Es wird gesät verweslich, es wird auferstehen unverweslich, es wird gesät in Niedrigkeit und wird auferstehen in Herrlichkeit ... Also er nimmt dann immer die Gegenbegriffe. Aber wie gesagt, das sind alles Bilder. Wir haben einfach nur die begründete Hoffnung durch das Zeugnis der Schrift, dass das so sein wird. [...]

Es ist ja eine altbekannte Vorstellung, dass es nach dem Tod so etwas wie eine Gerichtsverhandlung gibt, bei der man sich für sein Leben rechtfertigen muss. Das ist für manchen eine sehr unangenehme Vorstellung. Glauben Sie, dass es so etwas geben wird?

Nikolaus Schneider: Ich denke schon, dass ich vor Gott Rechenschaft geben werde für mein Leben. Ich glaube auch, dass das unangenehm werden kann und schon eine Art Beschämung wird. Aber letztlich leben wir alle davon, dass wir nicht aufgrund unserer Verdienste und guten Werke gerecht gesprochen werden bei Gott, sondern dass Gottes Gericht auch ein Zurechtbringen ist. Das verbinden wir auch mit dem Leben Jesu, dass er dann für uns eintritt und dass wir in der Orientierung an ihm dann auch bei Gott Gnade finden. Es ist Gnade, und er wird uns zurechtbringen im Gericht, aber es wird peinlich werden.

Können wir denn darauf hoffen, dass die Bösen auf Erden nach dem Tod ihre Rechnung bekommen, dass es so etwas gibt wie Gerechtigkeit?

Nikolaus Schneider: Das überlasse ich Gott, wie das aussieht. Aber dass Gott für Gerechtigkeit steht, dass er das will und dies sein Handeln bestimmt, davon bin ich zutiefst überzeugt. Das ist ja auch der Hintergrund dafür, dass wir selbst auf Erden für Gerechtigkeit – gerade für die Kleinen – eintreten. Von daher bin ich davon überzeugt, dass es das geben wird. Aber wie das sein wird, dazu will ich jetzt nicht irgendwelche Rachefantasien, die man ja haben könnte, ausleben. Das ist allein Gottes Sache und nicht unsere Sache. [...]

Kann sich denn jeder einfach seinen eigenen Himmel ausmalen, inklusive der Musik, die da gespielt wird?

Nikolaus Schneider: Die Versuchung ist naheliegend. Ich selbst nehme meine Vorstellungen von Himmel aus der Bibel. Und da sind die Inhalte: Leben bei Gott, Gerechtigkeit und eine wirklich gelungene Schöpfung. Wir warten auf einen neuen Himmel und eine neue Erde, in denen Gerechtigkeit ist, so die biblische Verheißung. Das ist es, worauf es ankommt. [...]

Würden Sie als Theologe, als Seelsorger, der Sie auch sind, ganz konkret einem Sterbenden den Himmel als Trost anbieten oder hätten Sie Angst, ihn damit ein Stück zu vertrösten?

Nikolaus Schneider: Ich habe ja viele Menschen beim Sterben begleitet und habe dann ein Vaterunser gebetet oder den Psalm 23 … Das würde ich sagen und beten. Aber Versprechungen abzugeben, die ich nicht selber einlösen kann, da halte ich mich immer sehr zurück. Ich würde höchstens bekennen, worauf ich hoffe. Als etwas, woran ein Sterbender sich vielleicht orientieren kann.

Publik-Forum 23/2012, S. 47f.

1. Fassen Sie die wesentlichen Gesprächsinhalte mit eigenen Worten zusammen.
2. Legen Sie einen selbst gewählten biblischen Text im Sinne der Glaubensüberzeugungen Schneiders aus.
3. Erörtern Sie, ob ein Mann wie Schneider der jungen Esther Maria Magnis Trost spenden könnte.

Baustein 6

Nihilismus – die große Alternative?

Ziele
- ein „depressives Lebenskonzept" sowie den Nihilismus als Weltanschauung beschreiben
- Auswege aus der nihilistischen Sachgasse aufzeigen
- sich mit dem eigenen Lebenskonzept im Unterschied zu anderen Entwürfen auseinandersetzen

Methoden
- Deutung von bildlichen Darstellungen
- Auswertung einer Studie

Der Baustein beinhaltet im Rahmen der Analyse des Buches von Esther Maria Magnis die Peripetie. Der Nihilismus kann als Lebensoption nicht durchgehalten werden und wird überwunden. Den Schülern werden zahlreiche Interventionsmöglichkeiten geboten.

Sachanalyse

→ **Arbeitsblatt 25, S. 95**

„Wozu sind wir auf Erden?" Die vermeintlich alte Katechismusfrage ist geistesgeschichtlich betrachtet verhältnismäßig jung. Sieht man einmal von der antiken Aufklärung ab, stellt sich die Problematik der Sinnfindung für die breite Masse der Menschen erst mit der Umstrukturierung der Lebenswelten im 19. Jahrhundert. Von „Sinnkrise" im engeren und uns vertrauten pädagogischen Sinne wird eigentlich erst seit den zwanziger und dann wieder seit den sechziger Jahren des vergangenen Jahrhunderts gesprochen. Seitdem allerdings scheint die Frage endemisch geworden zu sein und die Fülle der Antworten trägt kaum zur Beruhigung der untergründig bleibenden Ratlosigkeit bei.

Allerdings: Die aktuelle Schülergeneration tritt in ihren Antworten auf die Sinnfrage erheblich (schein-)sicherer auf und optiert konservativer als die derzeitige Lehrergeneration. Eine an „herkömmlichen" Lebensmustern und Leistungserwartungen orientierte Weltanschauung bietet offensichtlich einen stärkeren Rückhalt im Kampf um Besitzstandswahrung als die Opposition gegen Lebensmodelle der Erwachsenen (vgl. Shell Jugendstudie 2010). Zumindest mit Blick auf die Gymnasialklientel kann von einem Bündnis der Generationen zur Wahrung des Status Quo gesprochen werden. Es kann deshalb durchaus passieren, dass die im folgenden Baustein gestellte Frage nach dem „Sinn des Lebens" unwirsch abgetan wird. Dahinter kann das Gespür für die „metaphysische Bodenlosigkeit" der eigenen Existenz stehen, welche die junge Generation stärker bedrängt als ihre Lehrer. Nur scheinbar widersprechen die Lebenswelt-Explorationen des Sinus-Instituts dieser Bestandsaufnahme. Denn auch dort wird davon ausgegangen, dass die soziokulturellen Felder, bestehend aus dem Querschnitt aus Bildung, Einkommen und Wertpräferenzen, vergleichsweise stabile Sinngebungen beinhalten.

→ **Arbeitsblatt 28, S. 101**

Nihilismus – die große Alternative?

Wie brüchig allerdings das Fundament der Sinngebung in unserer Weltgegend ist, zeigt die steigende Zahl der Suizidversuche, der psychischen Erkrankungen und der wutverzweifelten Amokläufe. In den Buchhandlungen finden sich „Simplify-your-life"- und Work-Life-Balance-Ratgeber und mancher Prominente hat mit seinem „Burnout"-Bericht eine Diskussion um die Kosten des modernen, um Wohlstand bemühten Lebens angestoßen. Kulturpessimisten deuten die skizzierten und sich scheinbar widersprechenden Entwicklungen als zwei Seiten einer Medaille – als positiv-aktivistische sowie als autoaggressiv-nihilistische Reaktion auf die Krisenerscheinungen der Gegenwart. In einer solchen Krise befindet sich ihnen zufolge nicht nur das Wirtschaftssystem, das auf die bislang davon profitierenden Europäer und Amerikaner keine Rücksicht mehr nimmt, sondern die gesamte Lebensausrichtung einer Zivilisation. Praktischer und theoretischer Nihilismus sind die Konsequenzen einer als „Hamsterrad" wahrgenommenen Gegenwart.

Für Nietzsche ist der Nihilismus Konsequenz nicht nur einer lebensverneinenden äußerlichen, Müll produzierenden Zivilisation, sondern Bilanz der europäischen Geistesgeschichte seit Platon. Im Zuge der wissenschaftlichen Entzauberung der Welt, letztlich ein Abbruch bzw. Radikalumbau des abendländischen metaphysischen Gehäuses, drängt sich immer mehr Menschen die Frage auf: „Wozu?". Mit anderen Worten: In der Logik der wachsenden Kenntnisse über die Welt liegt nicht nur Befreiung von religiöser Bevormundung, sondern die mehr oder weniger bewusste Wahrnehmung von Unbehaustheit und Anomie. Der Buddhismus hatte die Erfahrung der Nichtigkeit der Werte schon vor zweieinhalbtausend Jahren postuliert bzw. als spirituelle Erfahrung weitergeben wollen; seine wachsende Beliebtheit im Westen kann von daher nicht überraschen.

Was ist der Sinn des Lebens?

→ Arbeitsblatt 25, S. 95

Methodischer Kommentar

Die bekannte Karikatur von Jan Tomaschoff bietet didaktisch und methodisch nach wie vor einen guten **Zugang** zum Thema. Zumeist evoziert sie in einem ersten Zugriff oberflächlich-gelangweilte Reaktionen („Den Sinn muss jeder selber finden"). Darum ist es sinnvoll, die Schüler in handlungsorientierte Settings zu verwickeln (Aufgaben 2 und 3). Sie zeigen zudem die praktische Relevanz der „Schalter-Frage" an und können überraschende Lebensstil-Explorationen zutage fördern. Als Ergebnis sollten religiöse von bürgerlich-konventionellen Antworten unterschieden werden, aber auch gemeinschaftsbezogene von egozentrischen. Bei Bedarf können Begriffe wie *Nihilismus* oder *Absurdität* eingeführt oder die Frage thematisiert werden, was die Lebensperspektive eines Tieres von der des Menschen unterscheide.

Das buddhistische Gleichnis führt anschaulich in die „positive Bedeutung des Nihilismus" und damit in den *Erlösungs*-Begriff ein. Wer sich klarmacht, dass „am Abend" ohnehin die Flut kommt, wird den „Streit um die Burgen", wird Wut und Trauer von vornherein für unklug halten. Ist die Aufregung um Handy-Ausstattungen oder ist der Streit zwischen Anhängern zweier Fußball-Clubs wirklich bedeutsam und der *Conditio humana* würdig? Oder unterschreiten wir durch den Pseudoernst, mit dem wir Banalitäten versehen und als Sorgen definieren, nicht unser Niveau? Mit den Schülern könnte – durchaus in Opposition zur Aussage des Gleichnisses – darüber nachgedacht werden, welche Fragen und Sorgen des Lebens einen Streit verdienen und welche nicht. Über die **Phase der Hinführung** hinaus werden mit diesem Arbeitsblatt – wenn die Überschrift „Was ist der Sinn des Lebens?" als **Problemstellung** übernommen wird – schon Schritte zur **selbstgesteuerten Auseinandersetzung** getan.

Nihilismus – die große Alternative?

→ Arbeitsblatt 26,
S. 96

Esther Maria Magnis: Erleuchtung nach einem Besäufnis

 Methodischer Kommentar

Besser als jeder philosophische Text kann Esther Maria Magnis' Bericht von der Heimkunft nach einer Grillfete Heranwachsender veranschaulichen, was mit Nihilismus in personaler Hinsicht gemeint ist. Mit dem Tod des Vaters sind alle inneren Sicherheiten Esthers vollends geschwunden. Selbst ihre Rebellion gegen die vermeintliche Oberflächlichkeit der Umwelt ist einer handfesten Depression gewichen. Immer häufiger stellt sie die Frage nach dem Sinn des Lebens, die sie aber weder von der Schule noch vom Psychologen beantwortet bekommt. Suizidgedanken werden angedeutet, der Wald wird zum bevorzugten Aufenthaltsort der Schulschwänzerin. Im Textauszug steuert die Entwicklung der Autorin auf die Peripetie zu: Am Vorabend des Jahresamtes für den Vater nimmt ihr Bruder Johannes sie zum Osterfeuer der Pfadfinder mit. Esther verpasst den Absprung und quält sich am frühen Morgen sturzbetrunken durch den Wald nach Haus. In wenigen Stunden soll sie in der Ostermesse sitzen. Die nächtliche Erkenntnis von der Nichtigkeit allen Seins, die durch die geschilderte „Haltungslosigkeit" der Protagonistin veranschaulicht wird, enthält zwei wesentliche Aspekte:
- „Erlösung" bedeutet für Esther die Befreiung von den überkommenen Anschauungen über das Leben, die sie – in Nietzsches Tradition – als „christlichen und humanistischen Schrott" bezeichnet. Ihre Liebe für den Vater, ihre Anhänglichkeit an den Toten ist Ausdruck dieser „Ideologie der Menschenwürde".
- Ihr persönliches Schicksal sieht sie eingebettet in die Nichtigkeit aller Existenz im Kosmos. Der Mensch mit seinen Bedeutungszuschreibungen ist der alleinige Urheber von „Sinn"; das All, die Gase und der Sternenstaub bedürfen dieses Sinnes aber nicht.

Die Lösung der Aufgabe 1 sollte einhergehen mit der Beibringung von Belegen von (drastischen) Textstellen und kann eine direkte Überleitung zur Diskussion über die seelische Verfassung der Autorin (Aufgabe 3) enthalten. Eine Anfrage hinsichtlich der Erfahrungen der Schüler mit Alkoholabusus erübrigt sich zumeist, da schon bei der Lektüre des Textes entsprechende Kommentare fallen. Eine Verknüpfung des vorangegangenen Arbeitsblattes mit dem vorliegenden sollte die Frage evozieren: Wie ist eigentlich Erkenntnis strukturiert mit Blick auf die Findung von Lebenssinn? Ist die Antwort ein Spielball des Zufalls, der „Lebensphasen" oder der jeweiligen psychischen Verfasstheit?

Die Bearbeitung des Textes gehört entweder zur **Phase der Problemstellung**, nämlich dann, wenn die lebensgeschichtliche Verortung des vorangegangenen Arbeitsblattes nicht recht gelingen will. Oder sie leitet zur **Phase der selbstgesteuerten Auseinandersetzung** über, da der Horizont gegenüber den schon gesammelten Antworten in überraschender Weise erweitert wird. Als Ergebnis könnte an der Tafel ein Zwischenfazit gezogen werden, um die Phase der philosophisch-theologischen Auseinandersetzung zu grundieren.

→ Arbeitsblatt 27a,
S. 98

Was ist Nihilismus?

 Methodischer Kommentar

Das Arbeitsblatt **(fachliche Auseinandersetzung)** stellt einen parteiischen Abriss des nihilistischen Grundkonzeptes dar. Methodisch sinnvoll könnte eine „Verlängerung" bzw. „Vertiefung" des Sachtextes im Anschluss an die Erschließung sein. Auch böte sich eine in Gruppenarbeit erfolgende Kritik des nihilistischen Konzeptes an. Die Schüler könnten erarbeiten, dass der Nihilismus
- hinsichtlich der _Erkenntnis_ zu pessimistisch eingestellt sei: Gibt es nicht „die Dinge" außerhalb unseres Verstandes und unserer Wahrnehmung „wirklich"? Und haben sie nicht eine objektive Bedeutung?

- durch die „Kritik von Gut und Böse" (*Ethik*) die Grundlagen des Zusammenlebens infrage stelle: Ist es nicht ein Unterschied, ob Menschen in einer Demokratie oder in einer Diktatur leben, ob Regeln und Gesetze eingehalten oder verletzt werden?
- gegenüber Lebensvoraussetzungen (*Anthropologie*) inkonsequent ist: Können Menschen ohne innerweltliche Sinnorientierung leben, den Alltag bewältigen und Lebensfreude entwickeln?

Sisyphos – Sinnbild des Menschen?

→ Arbeitsblatt 27b, S. 99

Methodischer Kommentar

Der algerisch-französische Schriftsteller Albert Camus hat der atheistischen Weltsicht mithilfe der antiken Gestalt des Sisyphos ein Denkmal gesetzt. Camus spricht nicht von „Nihilismus", sondern von „Absurdität", wenn er die Zusammenhanglosigkeit der Weltphänomene beschreibt und das Fehlen eines transzendenten Sinnes konstatiert. Die Götter – für Camus eine Chiffre des abendländischen Gotteskonzepts – hatten Sisyphos als Strafe für seine Liebe zur Welt mit der unsinnigsten aller Strafen belegt. Das Steinwälzen – Chiffre für die Vergeblichkeit menschlichen Mühens – sollte ihn in die Knie zwingen. Doch aus der Niederlage wird für den Camus'schen Helden – Chiffre für den bewussten atheistischen Menschen – ein Sieg. Er nimmt die Absurdität seiner Existenz an und gibt ihr durch sein Tun einen Sinn. In dem Roman „Die Pest" tritt der Arzt Dr. Rieux in diese Rolle ein und behandelt in schier auswegloser Lage die Pestkranken in der algerischen Stadt Oran. Insofern veranschaulicht das Bild der „Ärzte ohne Grenzen" („Médecins Sans Frontières") sehr gut das atheistische Credo von Rieux-Camus: „Es ist besser dem Elend abzuhelfen, als seine Vorzüge aufzuweisen." Die private und unabhängige Hilfsorganisation „Médecins Sans Frontières" wurde 1971 in Frankreich gegründet und ist heute die größte internationale Organisation für medizinische Nothilfe. Für ihren Einsatz in Krisen- und Kriegsgebieten wurde ihr 1999 der Friedensnobelpreis verliehen. Das Bild zeigt eine Mitarbeiterin des Cholera-Behandlungszentrums von „Ärzte ohne Grenzen" in Angola im Jahr 2006.

Die Aufgaben (**fachlich-philosophische Auseinandersetzung**) haben zum Ziel, die Überwindung des Nihilismus als bewusste Lebensgestaltung in den Blick zu nehmen. Schon bei Nietzsche tritt die Figur des Übermenschen in Erscheinung, bei Camus ist es die im Geiste des Humanismus geschaffene Gestalt des engagierten und diesseitsverhafteten „Arztes". Der „christliche Dulder" wird damit ebenso ersetzt wie die „Ethik der Unterwerfung" – das ist Nietzsche und Camus gemeinsam. Nihilismus ist damit als Durchgangsstadium zu einem neuen Menschen- und Moralverständnis markiert, nicht aber als eine mögliche Lebensoption. Es bietet sich an, die Aufgabe 2 zu erweitern durch die Aufforderung an die Schüler, eigenes Bildmaterial für sinnstiftendes Engagement zusammenzutragen.

Esther Maria Magnis: „Kendauchdich"

→ Arbeitsblatt 27c, S. 100

Methodischer Kommentar

Der Text stellt die christliche Variante einer Antwort aus der „Sackgasse" des Nihilismus dar (**fachlich-theologische Auseinandersetzung**). Die Disclosure-Erfahrung ist – wie die Szene am Meer – nicht verallgemeinerbar, wohl aber in personaler Hinsicht eine Offenbarung des Daseinsrechtes. Insofern beinhaltet sie Gnade, ein Geschenk. Wenn Schüler diesen Grundzug unter Moderation nicht selbst herausarbeiten, sollte die Lehrkraft darauf unbedingt verweisen: „Der Nihilismus" lässt sich durch Arbeit und zweckgebundene Sinnsetzungen niederhalten, nicht aber gedanklich bewältigen oder heroisch überwinden. Die Begegnung mit dem eigenen Selbst und den Erinnerungen an die stattgehabten Gnadenerweise in der individuellen Vergangenheit sind Gottes Weg Zukunft zu eröffnen.

Die weiterführenden Aufgaben der drei Arbeitsblätter 27a–c gehören der **Phase der Zusammenführung und Sicherung** an, sofern die schülereigenen Lösungen bewusst mit in den Blick genommen werden. Methodisch bieten sich alle Settings an, die kommunikativ angelegt sind und die drei Positionen in einen Dialog bringen (WG-Diskussion, Brief, Essay, Filmexposé etc.).

→ Arbeitsblatt 28, S. 101

Wie ticken Jugendliche?

Methodischer Kommentar

Das Arbeitsblatt initiiert die **Anwendung und Bewertung** des erworbenen Wissens im Kontext einer schülernahen Aufgabenstellung. Dabei bildet die Aufgabenfolge das Lernprozessmodell noch einmal in nuce ab.

Wenn ausreichend Zeit zur Verfügung steht, kann mit eigenen Abbildungen gearbeitet werden (Präsentation). Das erste Foto bildet die Wertpräferenzen der sogenannten „experimentellen Hedonisten" ab (*Sein und Verändern, Machen und Erleben*), das zweite den Stil „Adaptiv-pragmatischer" Jugendlicher (*Haben und Zeigen, Sein und Verändern*). Es ist sinnvoll, einzelne Selbstbekundungen in griffigen Termini zu komprimieren; z. B. *Ordnung, Luxus, Solidarität, Einzigartigkeit*. Bedeutsam für das fachliche Lernen ist es, die Wertpräferenzen (Aufgabe 2) mit den religiösen Optionen und Positionierungen (Aufgabe 4) sowie mit den Ergebnissen einer kurseigenen Erforschung abzugleichen. Bestätigt sich, dass Religiosität in der Gegenwart in einem korrelativen Verhältnis zu „traditionellen" Orientierungen steht? Wie äußert sich eine solche Religiosität? Ist das gut für die Religion und die Menschen? In guten Lerngruppen kann diskutiert werden, ob der Konnex zwischen konservativen Werten und Religiosität biblisch begründet ist oder eher kulturelle „Fehlentwicklungen" der abendländischen Geschichte abbildet. Die Lösung der Aufgabe 5 sollte nicht erfolgen, ohne dass konkrete Beispiele genannt sowie Fachbegriffe verwendet werden. Es bietet sich auch hier an, kreative Umsetzungsmöglichkeiten vorzustellen, z. B.: Wie könnte ein Kinderbuch zur Sinnfrage aussehen (vgl. Biesinger/Kohler-Spiegel, Woher, wohin, was ist der Sinn?), wie ein Roman- oder Filmskript?

→ Zusatzmaterial 4, S. 103

Esther Maria Magnis: Die Petze kam heimlich (Klausur)

Methodischer Kommentar

Der **Klausur**vorschlag ist klassisch gehalten und kann je nach Unterrichtsvorbereitung auch mit einem Gestaltungsteil ausgestattet werden.

Die „Petze" hat Ähnlichkeiten mit der Schlange aus der Paradieserzählung (Gen 3) und stellt die Inkarnation der nihilistischen Weltsicht dar. Zynisch und genüsslich lässt sie die „Albträumerin" an ihrer Sinngebung ohne Gott verzweifeln. Bezogen auf die innere bzw. religiöse Entwicklung der Autorin markiert das Berichtete die Phase der nihilistisch-depressiven Krise – nach den Phasen des „kindlichen" Glaubens, der pubertären Rebellion, des Leidens an Gott im Kontext der Verarbeitung des Todes des Vaters.

Was ist der Sinn des Lebens?

Karikatur von Jan Tomaschoff

Mir und mein

Kinder spielen am Meer. Sie bauen sich Sandburgen und grenzen sie ganz genau gegeneinander ab. Sie erlauben keinen Zweifel darüber, wem welche Burg gehört, und jedes Kind verteidigt sein Eigentum ganz energisch. Als alle Burgen fertiggebaut sind, stößt ein Kind – ob absichtlich, ob aus Versehen – die Burg eines anderen um und fügt ihr großen Schaden zu. Das geschädigte Kind wird zornig, ballt die Fäuste und ruft alle zur Hilfe,
5 um den Übeltäter zu bestrafen. Sie schlagen den Bösewicht mit einem Stock und treten ihn noch, als er schon am Boden liegt. Dann spielen sie weiter mit ihren Sandburgen, und ein jedes sagte: „Das ist meine. Niemand anders darf sie haben!"
Und dann kam der Abend. Erst wurden die Schatten länger, dann wurde es dunkel. Schließlich gingen die Kinder eines nach dem anderen nach Hause. Keines scherte sich jetzt noch darum, was mit seiner Burg ge-
10 schah. Und dann kam die Flut und spülte alle Burgen fort.

Aus: Glücksmomente: erleuchtende Aha! Geschichten. Hrsg. von Yvonne Ginsberg. 5. völlig überarb. Aufl., Ahlerstedt, Param (Param Brillant), 1998, S. 34f.

1. Beschreiben Sie die Karikatur und erklären Sie deren Pointe.
2. Angenommen, der Schalterbeamte nähme die Frage „zum Spaß" ernst: Was könnte er antworten? Spielen Sie die Situation mehrmals durch und listen Sie die Antworten stichwortartig auf.
3. Erforschen und systematisieren Sie die Sinnkonzepte der Menschen in Ihrer Umwelt (anonymisiert). Prüfen Sie, ob Individualität oder Uniformität überwiegen.
4. Deuten Sie das Gleichnis von den Kindern im Sand und erfinden Sie eine anschauliche Lebenserzählung, die das Gleichnis umschreibt.

Esther Maria Magnis: Erleuchtung nach einem Besäufnis

Ein Jahr nach dem Tod des Vaters: Esther ist mittlerweile knapp achtzehn. Sie ist frühmorgens unterwegs – sturzbetrunken auf dem Heimweg von einer Grillfete.

Sah mich um. Dunkler Himmel, kniff die Augen zusammen, schwarzes Gesträuch. Ich horchte in die Nacht. Tat einen Schritt. Ein Knacken. Wieder Stille. Und dann kam es.
„Frei."
Mein Kopf war benebelt, aber in den dicken Wolken darin stimmte ich zu. Ich wankte, trank einen Schluck, hielt wieder inne. „Frei", flüsterte es, und ich nickte, wie Betrunkene nicken, nicht staunend sacht, sondern mein Nacken hielt den Kopf nicht, und es sackte das Kinn nach vorne, Augen geschlossen, „Ja", und mit einem Ruck ward der Kopf wieder nach oben gezogen und suchte da oben sachte wankend seine alte Position. Und ob es davor war, währenddessen, das weiß ich alles nicht mehr, aber ich weiß genau, dass ich etwas wie Erlösung empfand. Etwas wurde auf wunderschöne Weise egal. Ich torkelte weiter, einmal fiel ich hin auf die Knie und spürte, wie die Feuchtigkeit aus dem matschigen Laub von meiner Hose aufgesaugt wurde und sich wie ein nasser Kuss von einer großen, weichen, kalten Schnauze auf meine Kniescheiben drückte. An meinen Händen klebte faules Laub. Egal. Ich musste lachen. Stand wieder auf. Zwei Schritte, und immer noch breitete sich dieses erlöste Gefühl aus, wie diese Momente, wenn auf einmal alle Muskeln, die angespannt waren, loslassen.
„Es endet jetzt." Dieses innere Keifen, dieses Kämpfen gegen meine Dummheiten, es löste sich.
Endlich dieses Streiten ums eigene Haupt aufgeben zu können, das war, als hörte das Ausatmen nicht auf, es strömte und strömte aus mir heraus. Erlöst von dem ganzen christlichen und humanistischen Schrott, der einen zwingt, das Leben ernst zu nehmen und die erfundenen Regeln einzuhalten. Erlöst von allem, was einem in der Schule beigebracht wird, worauf sich die Gesellschaft zum Teil geeinigt hat und was sie zum Teil befolgt, wenn sie weiß, dass sie bei Zuwiderhandlung bestraft wird. Worauf sich die Gesellschaft geeinigt hat, ohne zu wissen, warum überhaupt. Würdegelaber. Würde des Menschen. Dummes Zeug. Götterglaube ist das. Wo soll die Würde denn sein? Wo ist denn meine?
Wir Menschen sind frei, weil wir nichts wiegen. Das wurde mir klar. Niemand kann mich zwingen, zu glauben, dass wir eine Würde haben. Sollen sie ihre Mythen den Kindern erzählen, ich glaube nicht an unseren Wert. Ich glaube nicht an den Wert dieser Welt. Sie wird vorbeigehen. Das sagen sie alle selbst. Aber es war egal, was sie sagten, denn diese Tatsache bekam mein Ja, nicht die Thesenaufsteller, und das „a" von diesem „Ja" endete nicht, und mein Mund blieb offen, und die Luft, die mich gesprengt hätte, strömte und strömte heraus, dass die Rippen ächzten, als sie sich entspannen durften und das Zwerchfell losließ, und die Beine nicht mehr schmerzten, und die Arme nicht mehr schwer waren, und die Kehle nichts mehr halten musste, und die Augen nicht mehr reißend schielten nach einer Antwort.
Die Welt wird irgendwann nicht mehr sein. Dann gibt es kein Bewusstsein mehr. Dann wird im All Totenstille sein, und kein Auge wird suchen und kein Mensch mehr fragen nach einem Sinn. Dann kreisen Sterne still umeinander – kein Gedanke wird mehr gedacht, kein Staunen, keine Frage „Warum?" – Totenstille. Weil niemand da ist, der noch fragt.
Dann heißt der Kosmos nicht mehr Kosmos, dann hat der Mond keinen Namen mehr. Dunkelheit ist nicht mehr Dunkelheit, wenn kein Auge auf das Licht wartet. Dann rasen wir jetzt gerade zu auf die Langeweile, ins Öde und Tote hinein.
Die Erde mit dem Menschen – aufgeblüht wie ein Kaktus, der nur einmal blüht – fällt in sich zusammen – niemand wird darum wissen.
Kein Auge hat es gesehen. Kein Gedanke wird siegen, Gut und Böse sind mit uns verschwunden, und dann ist das Universum erlöst vom Stöhnen der Menschen, vom Atmen und Keuchen. Vom Wimmern und Lachen. Vom Lärm, der hier war. Es wird Stille sein.
Zum Menschen schweigt das Gas.
Und aus dieser meinungslosen Stille, die nach der Welt kommen wird, empfing ich damals in der Nacht diese neue Form der Freiheit. Wer diese Todesstille in sich entdeckt, wer bemerkt, dass sie in einem selbst schon angebrochen ist, dessen Freiheit wird sich auf einmal entfalten – vom Jetzt bis eben zu jenem Tag, da der letzte Mensch gestorben ist, der letzte Geist erloschen. Noch weiter.
Diese Freiheit jauchzt und wird abwischen alle Tränen, denn der Tod wird nicht mehr sein, nur Gestein und Gase, und manche Sonnen nehmen ihre Bahnen. Wer diese Stille entdeckt, der darf endlich wissen, dass man sich nicht mühen muss. Der lacht über den Tratsch im Dorf, der lacht über den Tratsch in den Städten, der lacht über den Tratsch der Welt. Der wird frei von Moden und Autoritäten, der hat echten Trost für die Leidenden. „Es geht vorbei. Alles geht vorbei." Der schließt im Lärm der Gegenwart die Augen, und

die Welt fällt von ihm ab. Dann stürzen die Supermärkte und brechen die Krankenhäuser, die Bomben fallen ins Bodenlose, und die Rufe der Freunde werden leiser, und Wünsche von Kindern und Gebete von Alten und Hass und Liebe stürzen gemeinsam, das Band zu den Geschwistern wird dünner, die Sorge ums Leben lässt los, und alles darf leiser und kleiner werden und weiter und weiter fallen tief hinunter, von da kein Geräusch hinaufkommen kann. Hinunter ins Egal. In die Todesstille, die einmal für die Erde kommen wird.

Wer die Freiheit aus dieser Stille in sich entdeckt, der muss nicht mehr kämpfen, der muss nicht mehr lieben, dem zaubert das Nichts ein Lächeln aufs Antlitz. Dasselbe, das wir von den Leichen kennen. Erlöst vom Dasein. Dieses Lächeln kann man schon im Leben haben, wenn man nur die Hinweise sieht.

Frei.

Und so ließ ich die Dinge gehen und wurde immer leichter und lief immer schneller und seltsam glücklicher durch den Wald. Man muss der Liebe nicht das Genick brechen, damit sie zu krähen aufhört. Man kann sie ins Licht des Untergangs dieser Welt stellen, dann hört man sie nicht mehr, dann wird sie so leise wie das Murmeln von Generationen und verschwindet mit ihnen.

Ich soff, und der Vorhang schloss sich enger um meine Augen, und ich hoffte, dass, wenn ich wieder nüchtern würde, ich mich dann an dieses Gefühl erinnern könnte. Dass es bliebe. Nein, ich kann es nicht richtig beschreiben. Es war mir eigentlich egal. Ich dachte, so wie jetzt ist es sowieso. Ob ich daran denke, ob ich mich erinnern kann oder nicht. Ob ich's glaube oder nicht. Es ist so. Ich bin frei.

Ich zündete mir eine Zigarette an und exte den Rest vom Wodka. Warf die Flasche weg, hörte sie hinter mir auf dem Boden aufkommen, lief torkelnd weiter, bückte mich unter den Ästen, und dann merkte ich im Laufen durch den Wald: Papa. Ich verlangsamte den Schritt und bemerkte staunend: Mir ist Papas Sterben egal. […] Es war mir egal. Und das war so erleichternd. O Gott, war das erleichternd. Scheiß der Hund drauf – es ist egal. Scheiß auf die Toten. Sollen sie alle gehen, dann sind die Dinge eben zu Ende. Ich seufzte froh. Als wäre der Hammer gefallen. „Endlich", stieß ich hervor, zog die kalte Luft in meine Lungen, schloss die Augen im dunklen Wald, atmete aus – „is' mir egal."

Und war froh.

„Is' mir so egal."

Filmriss.

Esther Maria Magnis, Gott braucht dich nicht, Reinbek bei Hamburg, Rowohlt 2012, S. 155–160

---

1. Skizzieren Sie die Situation und erklären Sie die Bedeutung der Begriffe Erlösung und Freiheit im Text.

2. Setzen Sie die Nachtgedanken der Autorin in eine Beziehung zum buddhistischen Gleichnis.

3. Diskutieren Sie: Lässt der Alkoholrausch Esther die Zusammenhänge der Welt klarer erkennen als in „nüchternem Zustand" oder führt er zu unsinnigen Gedanken?

Was ist Nihilismus?

Der Tod macht alles zu „Nichts"! Es gehört zu den „Kulturleistungen" der Menschheit, dieser Tatsache auszuweichen. Die Entstehung des Jenseitsglaubens, das Erbauen von Denkmälern, der Nachruhm großer
5 Persönlichkeiten in den mündlichen und schriftlichen Erzählungen – alles soll darüber hinwegtrösten, dass mit dem Sterben des Menschen die Bedeutung des Lebens radikal infrage gestellt wird. Denn die Welt dreht sich weiter und die Trauer wird spätestens
10 mit den Trauernden verschwinden.

So wie das Individuum stirbt, so wird die Gattung Homo sapiens sapiens irgendwann vom Planeten Erde verschwinden wie andere Homo-Arten und Lebewesen zuvor. Das Bewusstwerden der „Nichtigkeit"
15 des Daseins wird, wenn es zu einer generellen Aussage über die Welt wird (Welt-Anschauung), als „Nihilismus" bezeichnet (lat.: nihil = nichts). Nihilistische Philosophien und Lebensentwürfe behaupten nicht nur, dass die Wandelbarkeit von Gedanken und Kon-
20 ventionen dieselben entwertet. „Nihilisten" behaupten darüber hinaus, dass es überhaupt keine Wirklichkeit jenseits menschlichen Erkenntniswillens gebe. Die Welt an sich sei nichts anderes als „Wille und Vorstellung" (Schopenhauer); ein Gott, der Wahrheit und eine verbindliche Moral (10 Gebote) 25 verbürgt, existiert ihnen zufolge nicht. Bekannt ist Friedrich Nietzsches Ausspruch „Gott ist tot".

In der Welt der großen Religionen wird häufig der Buddhismus als dem Nihilismus zuneigende Lebensform angesehen: „Anhaften" an die Welt führe zu 30 Leid, der Konsum erzeuge kurzfristige Befriedigung von Wünschen, schon kurze Zeit später aber Frust darüber, dass es noch bessere und neuere Dinge gibt. Ziel des Buddhisten ist es, aus dem Kreislauf der Wiedergeburten auszusteigen und im „Nirvana" Erlö- 35 sung vom Leiden in und an der Welt zu finden. Jenseits der Philosophie werden auch jene Erscheinungen in der Gesellschaft als „nihilistisch" bezeichnet, die auf Zerstörung von Intaktem und Lebendigem gerichtet sind. Punk-, Grunge- und Metal-Musik, Amok 40 und Terror sowie die moderne Konsum- und Wegwerfkultur können aus dieser Perspektive evtl. als Phänomene des „alltäglichen Nihilismus" gelten.

Günter Nagel

Kohelet, Kap. 1

Windhauch, Windhauch, das alles ist Windhauch.
Eine Generation geht, eine andere kommt. Die Erde steht in Ewigkeit.
Die Sonne, die aufging und wieder unterging, atemlos jagt sie zurück an den Ort, wo sie wieder aufgeht.
Er weht nach Süden, dreht nach Norden, dreht, dreht, weht, der Wind. Weil er sich immerzu dreht, kehrt
5 er zurück, der Wind.
Alle Flüsse fließen ins Meer, das Meer wird nicht voll. Zu dem Ort, wo die Flüsse entspringen, kehren sie zurück, um wieder zu entspringen.
Alle Dinge sind rastlos tätig [...] Was geschehen ist, wird wieder geschehen, was man getan hat, wird man wieder tun.

Einheitsübersetzung der Heiligen Schrift © 1980 Katholische Bibelanstalt, Stuttgart

---

1. Halten Sie auf der Basis des Textes einen Vortrag zum Thema „Der Nihilismus und seine Bedeutung".

2. Das Buch Kohelet gehört zu den ungewöhnlichsten Schriften der Bibel.
   a) Führen Sie den abgedruckten Text weiter.
   b) Suchen Sie andere Stellen aus dem Buch heraus, welche sich mit dem Sinn des Lebens auseinandersetzen. Begründen Sie Ihre Auswahl.

3. Prüfen Sie Esther Maria Magnis' „Nachtgedanken" auf nihilistische Züge hin.

Sisyphos – Sinnbild des Menschen?

Albert Camus: Der Mythos von Sisyphos

Die Götter hatten Sisyphos dazu verurteilt, unablässig einen Felsblock einen Berg hinaufzuwälzen, von dessen Gipfel der Stein selbst wieder hinunterrollte. Sie hatten mit einiger Berechtigung bedacht, dass es keine fürchterlichere Strafe gibt als eine unnütze und aussichtslose Arbeit. [...]

Dieser Mythos ist tragisch, weil sein Held bewusst ist. Worin bestünde tatsächlich seine Strafe, wenn ihm bei jedem Schritt die Hoffnung auf Erfolg neue Kraft gäbe? Heutzutage arbeitet der Werktätige sein Leben lang unter gleichen Bedingungen, und sein Schicksal ist genauso absurd. Tragisch ist es aber nur in den wenigen Augenblicken, in denen der Arbeiter bewusst wird. Sisyphos, der ohnmächtige und rebellische Prolet der Götter, kennt das ganze Ausmaß seiner unseligen Lage: über sie denkt er während des Abstiegs nach. Das Wissen, das seine eigentliche Qual bewirken sollte, vollendet gleichzeitig seinen Sieg. Es gibt kein Schicksal, das durch Verachtung nicht überwunden werden kann. [...]

Ich sehe wieder Sisyphos vor mir, wie er zu seinem Stein zurückkehrt und der Schmerz von neuem beginnt. Wenn die Bilder zu sehr im Gedächtnis haften, wenn das Glück zu dringend mahnt, dann steht im Herzen des Menschen die Trauer auf: das ist der Sieg des Steins, ist der Stein selber. Die gewaltige Not wird schier unerträglich. Unsere Nächte von Gethsemane sind das. Aber die niederschmetternden Wahrheiten verlieren an Gewicht, sobald sie erkannt werden. [...]

„Ich finde, dass alles gut ist", sagt Ödipus, und dieses Wort ist heilig. Es wird in dem grausamen und begrenzten Universum des Menschen laut. [...] Es vertreibt aus dieser Welt einen Gott, der mit dem Unbehagen und mit der Vorliebe für nutzlose Schmerzen in sie eingedrungen war. Es macht aus dem Schicksal eine menschliche Angelegenheit, die unter Menschen geregelt werden muss.

Darin besteht die ganze verschwiegene Freude des Sisyphos. Sein Schicksal gehört ihm. Sein Fels ist seine Sache. [...] Der absurde Mensch sagt Ja, und seine Mühsal hat kein Ende mehr. Wenn es ein persönliches Geschick gibt, dann gibt es kein übergeordnetes Schicksal oder zumindest nur eines, das er unheilvoll und verächtlich findet. Darüber hinaus weiß er sich als Herr seiner Zeit. Gerade in diesem Augenblick, in dem der Mensch sich wieder seinem Leben zuwendet (ein Sisyphos, der zu seinem Stein zurückkehrt), bei dieser leichten Drehung betrachtet er die Reihe unzusammenhängender Taten, die sein Schicksal werden, seine ureigene Schöpfung, die in seiner Erinnerung geeint ist und durch den Tod alsbald besiegelt wird. Überzeugt von dem rein menschlichen Ursprung alles Menschlichen, ist er also immer unterwegs – ein Blinder, der sehen möchte und weiß, dass die Nacht kein Ende hat. Der Stein rollt wieder.

Ich verlasse Sisyphos am Fuße des Berges! Seine Last findet man immer wieder. Nur lehrt Sisyphos uns die größere Treue, die die Götter leugnet und die Steine wälzt. Auch er findet, dass alles gut ist. Dieses Universum, das nun keinen Herrn mehr kennt, kommt ihm weder unfruchtbar noch wertlos vor. Jedes Gran dieses Steins, jeder Splitter dieses durchnächtigten Berges bedeutet allein für ihn eine ganze Welt. Der Kampf gegen Gipfel vermag ein Menschenherz auszufüllen. Wir müssen uns Sisyphos als einen glücklichen Menschen vorstellen.

Albert Camus, Der Mythos von Sisyphos, übersetzt von Hans Georg Brenner und Wolfdietrich Rasch. Reinbek, rororo, 1983 (1942)

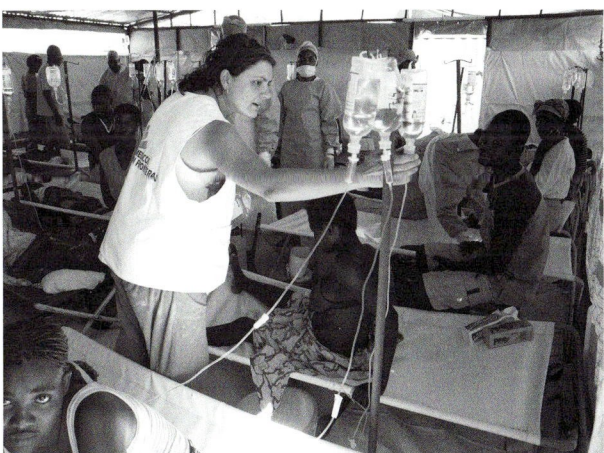

Cholera-Behandlungszentrum der internationalen Organisation „Médecins Sans Frontières" („Ärzte ohne Grenzen") in Angola 2006 (© Paco Arévalo)

1. Geben Sie Camus' Deutung des Mythos von Sisyphos mit eigenen Worten wieder.
2. Deuten Sie das Bild („Ärzte ohne Grenzen") vor dem Hintergrund des Textes.
3. Arbeiten Sie Gemeinsamkeiten und Unterschiede zur nihilistischen Weltauffassung heraus.

Esther Maria Magnis: „Kendauchdich"

Die Abendsonne schien durch die Vorhänge, und in der Kastanie vorm Haus trällerte eine Amsel ihr typisch verträumtes Larifari-Gezwitscher. Die Osternacht im Wald war etwa zwei Jahre her. Ich ging noch zur Schule. Ich lebte noch zu Hause mit meiner Mutter und meiner Großmutter. An jenem Abend saß ich an dem großen Krankenbett von Oma, hatte eine Hand durch das kleine Gitter gestreckt, das wir immer abends hochzogen, damit sie nicht rausfiel. Ich hatte schon längst alle Strophen von den alten Kinderliedern wieder drauf, weil ich sie ihr nun seit drei Jahren jeden Abend sang. Manchmal hob ihr dünnes Stimmchen mit an, und sie sang die zweite Stimme über meiner mit. Sie lebte dann auf. Sonst schlief sie meistens, brabbelte wirres, witziges Zeug, aber wenn man mit ihr sang, dann war sie da. […]

Ich hielt ihre Hand, wie jeden Abend. Die wackelte, wie jeden Abend, und kam dann irgendwann zur Ruhe. Seit fast einer Stunde hatte ich da schon gesessen, zwischendurch geschwiegen, ihr die Schnabeltasse an den Mund gesetzt, gewartet, bis ihr Husten nach einem Schluck Wasser aufhörte, wieder die Tasse angesetzt, wieder Husten, Mund abgewischt, Gebiss wieder zurechtgerückt, wieder Mund abgewischt.

Oma hustete. Ich summe eine Melodie, und dann begann ich wieder richtig zu singen. „Weißt du, wie viel Sternlein stehen." Das mochte sie. Das sang ich ihr jeden Abend. Ich kam zu der Stelle, da es heißt: „Gott der Herr hat sie gezählt, dass ihm auch nicht eines fehlt, kennt auch dich und hat dich lieb, kennt auch dich und hat dich lieb."

Obwohl es zu den Liedern gehörte, die ich ihr täglich sang, war es an diesem Abend anders. Als dämmerte etwas aus der Strophe heraus. Etwas möglicherweise Erkennbares. Ich sang weiter. Aber ich war hellwach auf einmal. „Weißt du, wie viel Mücklein schwirren in der heißen Sommerglut."

Aufgeregt. Verwundert aufmerksam mit plötzlich gestrecktem Rücken saß ich da am Bett. Suchend, nach einem Anhaltspunkt. Das war ganz seltsam. Mein Hirn und mein Körper waren auf eine kleine Sensation fixiert, die ich selber gar nicht sah oder verorten konnte. […]

Das war es. Ganz einfach. Kendauchdich. Das versetzte mir einen Schlag, und ich zog die Hand aus dem Gitter und hielt sie mir an den Mund. Mein Gesicht wurde heiß. Das war mein Wort. Das war mein Wort, das ich vergessen hatte. Es heißt in dem Lied eigentlich „Kennt auch dich", aber so vernuschelt, wie Oma es sang, so fern meine Aufmerksamkeit davon war, so kam es nun auf einmal von weitem auf mich zu, nach achtzehn Jahren, oder wie lange war das fortgewesen? Als kleiner Punkt am Ende der Straße. Spinnst du?, will ich ihm zurufen.

Ich hatte nach dem Wort gesucht. Irgendwann mit fünfzehn oder so hatte ich meine Mutter mal gefragt, ob sie sich daran erinnern könne, ein Name vielleicht, „irgendwas mit tandauch? Kam das in einem Lied vor?". Aber Mama wusste nicht, was ich meinte. Ich hatte auch meine Geschwister gefragt, aber es fiel ihnen nicht ein. […] Sein Name: Kendauchdich. Mein Urwort. Wie Hunger, Durst, müde. Das war mehr, als „ich" zu sagen. Und „ich" ist für ein Kind schon großartig. Es ist vollkommen wahr. […] Es ging voran, wenn ich einschlief, es war da im Dunkeln, hinter den geschlossenen Lidern, und ich konnte nicht verlorengehen, denn es blieb und erwartete mich, hier und da. Und all das tauchte auf einmal auf. […]

Kendauchdich, das war genauso wie dieser Moment am Meer als kleines Kind, als ich auf den warmen Steinen gesessen hatte – vor Gott. Wenn mich jemand damals als Kind an jenem Abend gefragt hätte „Was ist Kendauchdich?", dann hätte ich gesagt „Kendauchdich ist jetzt".

Esther Maria Magnis, Gott braucht dich nicht, Reinbek bei Hamburg, Rowohlt 2012, S. 174–178

---

1. *Geben Sie den Erfahrungsbericht Esther Marias wieder und erklären Sie den von ihr hergestellten Bezug zur Szene am Meer (Arbeitsblatt 7).*

2. *Recherchieren Sie nach dem Lied und erzählen Sie an Esther Marias Stelle, was das Lied für sie (in religiöser Hinsicht) bedeutet.*

3. *Interpretieren Sie den Text vor dem Hintergrund Ihrer bislang gewonnenen Erkenntnisse zum Thema.*

Wie ticken Jugendliche?

Kann ein Jugendzimmer etwas über den Bewohner bzw. die Bewohnerin verraten? Sprechen die Bilder an den Wänden, die aufgestellten Medien oder die Möbel eine Sprache, die verstanden werden kann? „Selbstverständlich!", sagen Jugendforscher, die im Auftrag verschiedener katholischer Organisationen, des Südwestfunks und der Bundeszentrale für politische Bildung die Lebenswelten und die Lebensphilosophien von 14–17-Jährigen unter die Lupe genommen haben.

Das eigene Zimmer sei ein intimer Ort, der Kunde gebe von Werthaltungen und Grundeinstellungen gegenüber dem Leben. Deutlicher als beim Fragebogenausfüllen oder in Interviews wird in den eigenen vier Wänden deutlich, „wie Jugendliche ticken".

1. *Diskutieren Sie, ob aus der Erforschung von Jugendzimmern Erkenntnisse über die Bewohnerinnen und Bewohner gewonnen werden können. Entwerfen Sie dazu einen Forschungsansatz. Prüfen Sie ggf. an Beispielen aus der Lerngruppe.*

2. *Beschreiben Sie den Aufbau und die Inhalte der Darstellung „Wert-Achse" auf der nächsten Seite. Erklären Sie den Sinn der Grafik.*

3. *Ordnen Sie die beiden Abbildungen der Jugendzimmer den „normativen Grundorientierungen" zu.*

4. *Recherchieren Sie im Internet nach weiteren Informationen zur Studie „Wie ticken Jugendliche?" (2012). Stellen Sie dabei auch Erkenntnisse zusammen, welche die religiöse Orientierung bzw. den Glauben der Jugendlichen betreffen.*

5. *Erörtern Sie abschließend:*
   - *Macht es Sinn, sich mit den Lebensphilosophien Jugendlicher auseinanderzusetzen?*
   - *Macht es Sinn, über sich selbst und den Sinn im eigenen Leben nachzudenken?*

sinus:
Die Werte-Achse im Sinus-Lebensweltenmodell u18

Typische Zitate zur Illustration der normativen Grundorientierungen

Sicherheit & Orientierung	Haben & Zeigen	Sein & Verändern	Machen & Erleben	Grenzen überwinden & Sampling
• „Ich möchte ein Leben in geordneten Bahnen." • „Fleißig sein, man muss schon arbeiten halt, lernen." • „Familie und Freunde sind für mich halt das Wichtigste. Was anderes braucht man eigentlich auch nicht." • „Familie gibt mir Sinn, da hat man Schutz, Liebe, Geborgenheit und Sicherheit." • „Wenn's mir schlecht geht, ist das erste, woran ich denke, Gott." • „Ich hab nix bei der Polizei vorliegen, und das wird auch so bleiben." • „Was im Koran steht, ist für mich Gesetz." • „Zusammenhalt finde ich bei Menschen ganz wichtig." • „Ich richte mich auch nach anderen. (...) Bei Klamotten guck ich, dass ich nicht zu auffällig bin."	• „Geld macht jeden glücklich." • „Ich möchte immer gut anzogen sein." • „Wenn mich ein Mann fragt, wie viele Paar Schuhe ich habe, dann sag ich immer 60 Paar, weil das gut rüber kommt. Dabei hab ich gar nicht so viele." • „Mein Großcousin hatte mal ein übelstgeil getuntes Auto, das fand ich richtig geil." • „Ich find's einfach schön, wenn dann so ein dröhnendes, brüllendes Ding kommt, das zig tausend Liter an Sprit verbraucht." • „Traumjob von mir wäre eigentlich Fußballer, weil die verdienen sehr gut."	• „Ohne Geld würde unsere Welt viel schöner aussehen. Geld hat viele Menschen zu was Schlechterem gemacht, als sie eigentlich sind." • „Sind Dinge richtig, moralisch vertretbar? Das sind Dinge, über die ich auch ziemlich gerne rede." • „Luxus ist nichts für mich. So Riesenhaus und 'nen Ferarri, das brauch ich einfach nicht." • „Ich möchte einen Beruf haben, wo ich Menschen helfen kann. Weil ich möchte abends zufrieden nach Hause kommen können." • „Ich war auch schon auf ein paar Demos. Man macht auf das Problem aufmerksam."	• „Ich probiere, alles zu machen, was geht, weil das Leben so schnell vorbei ist." • „Wenn du Musik hörst, die du liebst und dazu tanzt – dann bringt das total einfach Spaß!" • „Ich hasse so etwas, wenn ich Verpflichtungen habe, wo ich hingehen muss. Ich brauche meine Freizeit. So dass ich mich jederzeit mit jemandem verabreden kann, wenn ich dazu Lust habe." • „Alkohol gehört dazu, wenn man weggeht. Wer bringt Alkohol? Wer besorgt Kippen?" • „Ab und zu gehe ich gerne in Clubs. Da kann man alles rauslassen, was einen die Woche über frustriert hat. Das kann man raustanzen, dann ist man total erledigt und fertig, weil man getanzt hat, aber danach ist man wieder frei."	• „Das Nomadenleben reizt mich irgendwie, anders zu sein als andere." • „Ich lass mir von niemandem sagen, wie ich mein Leben leben soll." • „Ich will auf eigenen Beinen stehen und niemanden über mir haben..." • „Verschiedene Stile und Epochen find ich interessant. Ich geh auch gerne auf Kunstausstellungen." • „Ich denke, dass jeder so seinen eigenen Glauben hat, ich brauch dafür keine Kirche oder keinen vorgegebenen Glauben, sondern ich hab meinen eigenen Glauben."

traditionell — modern — postmodern

Marc Calmbach u.a., Wie ticken Jugendliche? 2012. Lebenswelten von Jugendlichen im Alter von 14 bis 17 Jahren in Deutschland, Verlag Haus Altenberg, Düsseldorf 2012, S. 31

Esther Maria Magnis: Die Petze kam heimlich (Klausur)

Die Petze kam heimlich. Sie war fast höflich. So elegant jedenfalls, dass sie mich nie direkt ansah. Sie fragte nur. Ich antwortete. Ich dachte, es sei Denken. Ich glaubte in jener Zeit noch, in Stille und einsam über das Dasein des Menschen, den Tod und die mögliche Absurdität unserer Existenz nachdenken zu können. Aber Geist denkt nie allein. Man hat immer Gesellschaft im Denken, auch wenn man es nicht merkt. Das wusste ich damals alles noch nicht. […]

Die Petze kam heimlich. Ich weiß nicht, wann. Sie hatte kein Interesse an mir, aber dennoch blieb sie. Beinahe treu. Und, ja, eigentlich kann man nicht sagen, dass es ein Gespräch war. Ich glaube, dass sie zählte. Vielleicht Sekunden, ich weiß es nicht. Sie war die kleine Schwester vom Tod – vielleicht auch nur seine Nutte oder sein Babysitter. Keine Ahnung. Jedenfalls zählte sie die ganze Zeit leise und feilte an irgendwas. Ich hatte keine Ahnung, dass sie so ein krasses Programm hat. Dass sie es in irrer stillen, höflich bestimmten Art schaffte, andere Menschen von Hochhäusern springen zu lassen oder behutsam auf die Gleise zu drängen. Und ich ahnte auch nicht, dass es schon grundsätzlich eigentlich nicht möglich war, mit ihr zu streiten.

Das war nicht ihre Art. Dazu fehlte ihr Leidenschaft. „Wenn mit dem Tod das Leben beendet wird, dann muss man aus dem Leben das Beste machen." Sie lächelte nur.

„Nur weil es keinen Gott gibt, muss die Welt nicht absurd sein. Und wenn sie absurd ist, dann kann ich immer noch mir selbst einen Sinn …" Sie grinste fast. „Ich kann immer noch mir selbst einen Sinn geben. Wenn ich in ein paar Jahren nicht mehr traurig bin, dann …" Sie hörte gar nicht zu.

„Ich hab einen Namen, einen Charakter, ich habe einen Willen! ", bellte ich sie an. Sie hielt dann kurz inne, lächelte nur und feilte weiter, als hätte sie nichts gehört.

„Ich habe eine Mutter, eine Schwester, einen Bruder, die würden mich vermissen. Ich bin registriert! Hast du gehört? Ich bin registriert. Ich hab einen Perso – ich hab die Menschenrechte, die sind aufgeschrieben, ich gehör dazu. Ich bin wichtig. Ich hab schon Menschen Gutes getan, ich hab die Welt ein Stückchen besser gemacht an manchen Stellen. Das macht doch Sinn! Das ist ja wohl gut." Sie hob nicht einmal den Kopf, als ich das sagte. Sie sah erst auf, als sie das Loch fertiggeknibbelt hatte, durch das diese Argumente rieseln mussten, pustete den Rand frei, schnitt die letzte kleine Ritze an die untere Kante des Loches, damit es losgehen konnte.

„Egal", sagte sie, hielt ihre Hand in den Sandstrom, und die Worte glitten ihr streichelnd über die Haut.

„Das ist nun wirklich egal", wiederholte sie weich und lächelte.

Esther Maria Magnis, Gott braucht dich nicht, Reinbek bei Hamburg, Rowohlt 2012, S. 138–140

1. *Geben Sie einen knappen Textüberblick. Gehen Sie dabei auf die Eigenheiten der Darstellung ein.*

2. *Deuten Sie die Schilderung von Esther Maria Magnis vor dem Hintergrund ihres Lebensberichtes.*

3. *Erörtern Sie: Ist eine absurde bzw. nihilistische Existenz möglich?*

Baustein 7

Versöhnung mit Gott

Ziele
- Kreuzesdarstellungen und ihre Wirkungen beschreiben
- sich mit dem Erlösungsglauben auseinandersetzen
- „Lösungen" für die Theodizeefrage erörtern

Methoden
- Interpretation von künstlerischen Darstellungen
- Analyse eines biblischen Textes
- Erarbeitung einer Ausstellung
- Podiumsdiskussion

Der Baustein fungiert als „Schlussstein". Im Material werden die Irrungen und Wirrungen im Rahmen der Magnis-Konzeption zu einem nachvollziehbaren Ende geführt. Die von Gott her erfolgte Versöhnung der Autorin mit ihm wird als eine Variante der Interpretation des Erlösungsbegriffs aufgenommen. Vor diesem Hintergrund findet die auch Theodizeeproblematik ihren Ort.

Sachanalyse

→ Arbeitsblatt 29, S. 109

„Seht das Lamm Gottes, das hinwegnimmt die Sünde der Welt!" „O Lamm Gottes unschuldig am Stamm des Kreuzes geschlachtet, allzeit funden geduldig, wiewohl du warest verachtet: all Sünd hast du getragen, sonst müssten wir verzagen. Erbarm dich unser, o Jesu." Die Verdunkelung des Gottesverständnisses im Gefolge einer sich durch die Jahrhunderte durchtragenden Satisfaktionslehre, nach welcher eine beleidigte Gottheit das Kreuzesopfer seines Sohnes bedurft hätte, um sich mit der sündigen Menschheit versöhnen zu lassen, ist in vielen Biografien älterer Christen aus der Vergangenheit mit Händen zu greifen. Auch wenn das Thema mittlerweile in Katechese und RU weitgehend ausgespart, „entschärft" oder nur noch als überkommenes Glaubensrelikt aufgenommen wird, erfordern „Anfragen von außen" eine Klärung der zentralen Symbolik des Christentums – etwa wenn Gerichtsentscheide über Kreuzesdarstellungen in öffentlichen Räumen ergehen oder Muslime die gesamte Kreuzestod-Vorstellung für theologisch inakzeptabel erklären. So verwundert es auch nicht, wenn z. B. in der evangelischen Kirche darüber gestritten wird, ob der gesamte Vorstellungskomplex nicht aus der Glaubensverkündigung herausgenommen werden und – pointiert formuliert – das Kreuz durch ein „Waschbecken" ersetzt werden soll (vgl. z. B. Publik-Forum 20/2008, 26–28).

→ Arbeitsblatt 30, S. 110

Für den Religionsunterricht sind die gesellschaftlichen bzw. innerkirchlichen Konfliktpunkte zunächst einmal ein interessanter Stoff zum Diskutieren und Streiten, allerdings kann auch er nicht umhin, die christliche Lehre positiv zu entfalten. Klassisch dürfte wohl folgendes Vorgehen sein: Auf die Wahrnehmung neurotisierender religionspädagogischer Tendenzen in der Vergangenheit („Gottesvergiftung") folgt die Darstellung eines Amalgams aufgeklärter theologischer Gedanken, die relativieren, ästhetisieren oder zeitgeistig-politisch optieren. So wird auf die Pluralität biblischer Modellierungen bei der Deutung des Todes Jesu hingewiesen, eine Anklage des politischen und wirtschaftlichen Establishments damals und heute formuliert, für welches „sanfte Rebellen" angeblich stets ein Sicherheitsrisiko darstellen; mit Georg Baudler wird auf die „matrifokalen" Traditionen der Kreuzessymbolik verwiesen, denen zufolge die ausgebreiteten Mutterarme des gekreuzigten Jesus als heimatverbürgende Zuwendung Gottes zum Menschen verstanden werden sollen. Oder zeitgenössische Inszenierungen in Film und Fernsehen werben für den Sinn des Stellvertretergedankens innerhalb der Opferthematik. Insgesamt wird dann die Kreuzesthematik relativiert zugunsten eines erweiterten Erlösungsverständnisses, in welchem Inkarnation, Auferweckung und Solidarität als notwendige Ergänzungsaspekte verstanden werden. Eine existenzielle Annäherung an das christliche Thema der Versöhnung durch das Kreuzesgeschehen kann über Erklärungen und Parallelisierungen allerdings kaum herbeigeführt werden, deshalb wird in einer dritten Phase häufig zu eigenen Kreuzesgestaltungen animiert, um zumindest persönliche Annäherungen zu ermöglichen. Dieses Verfahren hat seine Berechtigung. Auch der vorliegende Baustein will davon nicht ganz absehen. Im Mittelpunkt steht hier jedoch das persönliche und individuelle Zeugnis der Esther Maria Magnis. Es ersetzt kein systematisches Nachdenken, vermeidet jedoch theologische Abstraktionen ohne jeglichen Lebensweltbezug und zeigt u.U. eine Art und Weise an, in der von Erlösung auch heute noch motivkräftig gesprochen werden kann – nämlich als Erzählung.

Glaubenszweifel und dogmatische Updates werden heute sehr viel deutlicher als noch vor einem halben Jahrhundert auch in der katholischen Theologie als legitim anerkannt. Der biblische Textkorpus etwa stellt in seinen unterschiedlichen Schichten ein stetes Neudeutungsverfahren des jeweiligen überlieferten Glaubens dar. In besonderer Weise gilt das für das Buch „Ijob" („Feind Gottes"). Denn von vornherein ist diese biblische Schrift als paradigmatische Glaubensinventur konzipiert worden. Sie negiert ältere „dogmatische" Grundsätze wie den „Tun-Ergehen-Zusammenhang" und entwirft durch die Darbietung verschiedener Rollen – des Protagonisten („Dulder und Rebell") und seiner Widersacher – von vornherein kollektive und individuelle Projektionsflächen. Wenn auch die genaue Redaktionsgeschichte des Buches nicht im Einzelnen zu erhellen ist, so kann trotzdem festgehalten werden: Das Konzept der „Dialogdichtung" ist nicht nur für das synchrone Rededuell (ab Kap. 3) in Anschlag zu bringen, sondern auch für die diachrone Umarbeitung des Stoffes zwischen dem 5. und 3. Jh. v. Chr., ja eigentlich auch für die Wirkungsgeschichte bis in die Gegenwart. Insofern darf auch die Versöhnung und Erlösung implizierende Verbindungslinie zwischen der Zuwendung „Gottes" zu Hiob über die Zuwendung Gottes durch Menschwerdung, Leiden und Sterben am Kreuz in Jesus von Nazareth hin zur Präsenz Gottes im Leiden in der Gegenwart als theologisch stimmig gelten.

→ Arbeitsblatt 32, S. 113

→ Arbeitsblatt 31, S. 111

Kreuzesabbildungen – verstörend?

→ Arbeitsblatt 29, S. 109

Methodischer Kommentar

Schon Sören Kierkegaard meinte, dass Kindern das Eigentliche des Christentums nicht zugemutet werden könne, ohne dass sie bange werden. In der Religionspädagogik ist das Thema seit den siebziger Jahren als „Gottesvergiftung" (Moser) ausgiebig thematisiert worden. Insofern darf das Bewusstsein für die Problematik der Wirkung des Kreuzes im Allgemeinen vorausgesetzt werden. Trotzdem bleibt die „Anforderung" bestehen, im Alltag mit diesem Wissen umzugehen. Die Schüler werden durch dieses Arbeitsblatt (**Zugang**) herausgefordert, die Problemstellung wahrzunehmen und mit ihr umzugehen. Es ist möglich schon im Anschluss an Aufgabe 1 eine **Fragestellung** zu formulieren: Soll das Christentum auf Kruzifixe verzichten? Soll das Christentum auf andere Symbole zurückgreifen?

Die Sammlung von Kreuzesdarstellungen verhilft zu einer sensibleren Wahrnehmung und Beschreibung der Problematik. Unter http://www.museum-abtei-liesborn.de/13488.0.html [12.01.15] findet sich eine exemplarische Auswahl von Kruzifixen. Schüler können bei der Betrachtung in der Regel einfache Unterscheidungen treffen: Kruzifixe mit aufrechtem, den Betrachter anblickenden oder zum Himmel schauenden Christus, Kruzifixe mit hängendem Korpus, Kreuze mit Verfremdungen (vgl. Beuys' Infusionsflaschen), Kreuze als Abstraktionen (vgl. Katechetische Blätter, Heft 1/2011).

Die vorgestellte Anforderungssituation ist echt und lässt nicht nur die Großmutter, sondern wohl auch die Schüler ratlos zurück. Vielleicht hilft zunächst der Impuls: Was könnte Schulkindern gesagt werden? Was verstehen die Schüler selber?

→ Arbeitsblatt 30, S. 110

Christus und das Waschbecken

Methodischer Kommentar

Der sarkastische Zwischenruf des jungen Theologiestudenten Steve Henkel richtet sich gegen die in der evangelischen Kirche seit einiger Zeit laufende Debatte, überlieferte dogmatische Vorstellungen nicht nur neu auszulegen oder umzudeuten, sondern ad acta zu legen. Dazu gehört insbesondere die „Lehre" vom sühnenden Kreuzestod Jesu. Als **Problemstellung** kann im Anschluss an die Analyse des Textes formuliert werden: „Lässt sich das Kreuzessymbol noch retten?" Die Lehrkraft kann die Frage zusätzlich legitimieren durch die gesellschaftliche Diskussion um die Anbringung von Kreuzen in öffentlichen Gebäuden. Dann sollte allerdings darauf hingewiesen werden, dass es um eine theologische Debatte gehen soll, nicht um das Kreuz als „Logo" der gesellschaftlichen Teilgruppe Kirche.
Es ist darauf verzichtet worden, die Vergegenwärtigung des Kreuzesopfers in der Eucharistie durch eine Altarabbildung als Thema einzuspielen. Es hätte eine zweite, auch konfessionskontroverse Ebene eingezogen. Bei Bedarf kann das von der Lehrkraft nachgeholt werden. Hier geht es in Aufgabe 2 darum, die Schüler in Anknüpfung an die Auseinandersetzung mit den Ergebnissen des vorangegangenen Arbeitsblattes aufzufordern, nach einem positiven Sinn des Leidens suchen zu lassen oder einen solchen begründet abzulehnen (**selbstgesteuerte Auseinandersetzung**).

→ Arbeitsblatt 31, S. 111

Esther Maria Magnis: Die Wirklichkeit Gottes im Feuerkreis

Methodischer Kommentar

Die Autorin charakterisiert den Bericht selbst als „Zeugnis". Die Begrifflichkeit wird mit Bedacht gewählt worden sein, um die biblische Dimension sowie die Glauben erzeugende Wirkung des Berichteten zu kennzeichnen (vgl. Joh 21,24; 1 Petr 3,15). Damit überschreitet *Gott braucht dich nicht* den Erfahrungsbereich der meisten Menschen sowie deren „Weisheit". Denn: Nicht nur der Leidende wächst im Glauben, sondern auch die Zeugen, die sich von Gott mit Glauben beschenken lassen. In dieser Wirklichkeit sind die Gedanken und Gesetze „der Welt" aufgehoben. Das Bild des Feuerkreises drückt aus, wie durch ein Arkanum, einen heiligen Boden, mitten in dieser Welt Raum geschaffen wird für die Präsenz Gottes. Mit dieser Erfahrung sind Leid und Schmerz „aufgehoben", allerdings nicht in einem „vordergründigen" medizinischen, sondern in einem metaphysischen Sinne.

Es wäre unangemessen, aus dem Bericht eine ganze Theologie zu machen, da sofort alle verständlichen und religionskritischen Reflexe griffen: Wird „Leiden" hier nicht überhöht, statt es zu bekämpfen? Was ist mit den vielen Leidenden, denen diese Art der Gottesbegegnung verwehrt wird? Muss der Feuerkreis nicht durchbrochen werden hin auf eine universale Solidarität?

Die Fragen sind berechtigt, aber darum geht es an dieser Stelle nicht. „Erlösung" als „Versöhnung mit Gott" kann nur verstanden werden, wenn sich der einzelne Mensch an den Grund seiner Existenz führen lässt – und zwar von Gott bzw. Christus selbst. Religion in diesem Sinne ist nicht primär Handeln, sondern ein Sich-Beschenken-Lassen. Das impliziert auch, Gott nicht vorschreiben zu wollen, wie und wann er das tut. Die Mystik lehrt, dass aller Eigensinn aufgegeben werden muss, um Gott zu hören. Aber selbst der Weg der Mystik kann „erfolglos" bleiben, weil er häufig ein Weg und ein Akt des menschlichen Wollens bleibt. Wer fragt, ob der Text auch die „Erlösung von der Sünde" mitbedenkt, wird eine Antwort nur dann finden können, wenn er „Sünde" in einem außermoralischen Sinn versteht – als Entfernung von Gott, die ebenfalls von Gott und nicht durch den ringenden und sich mühenden Menschen überwunden wird. Im Text selbst wird das Kreuz nur indirekt, dafür aber umso nachdrücklicher zur Sprache gebracht: Versöhnung findet statt durch einen Akt göttlicher Compassion. Das Berichtete sagt aus: Das einmalige Kreuzesopfer Jesu wird gegenwärtig im Sterben des Bruders. Aufgabe 1 ist der **fachlich-theologischen Auseinandersetzung** zugehörig, Aufgabe 2 der **Zusammenführung und Sicherung**, Aufgabe 3 dient der **Stellungnahme**.

Das Hiob-Projekt

→ Arbeitsblatt 32, S. 113

Methodischer Kommentar

Das Arbeitsblatt dient dem **Transfer** und nimmt den biblischen wie kulturgeschichtlichen Bezug zur Erlösungs- bzw. Versöhnungsproblematik im Kontext des Leidensthemas in den Blick. Georg Langenhorst hat schon vor zwei Jahrzehnten eine nach wie vor lesenswerte Anthologie dazu zusammengestellt, eingeleitet und kommentiert (vgl.: Hiobs Schrei in die Gegenwart. Ein literarisches Lesebuch zur Frage nach Gott im Leid). Diesem Büchlein ist die auf der nächsten Seite abgedruckte Übersicht entnommen, die sich auch für die Schülerhand eignet.

Die Aufgabe 1 stellt eine didaktische Version exegetischer Arbeit dar, durch welche die theologischen Arbeitsprozesse „in biblischer Zeit" anschaulich sichtbar gemacht werden sollen. Schüler lernen, dass hinter „heiligen Texten" kontroverstheologische Gedankenarbeit steht. Ob die Einfügung des „Satans" auf der zweiten Redaktionsebene als „gelungen" bezeichnet werden kann, sollte mit den Schülern unbedingt diskutiert werden. Aufgabe 2 ist auch als Galerie-Rundgang inszenierbar. In diesem Fall würden die Schüler stärker in die erklärende Verantwortung genommen werden für die von ihnen gewählten künstlerischen Gestaltungen. Sehr viele Kunstwerke lassen sich durch gezielte Internetrecherche auch im Detail vorstellen. Im Blickpunkt sollten der Textrückgriff sowie die Umsetzung des Textes in das Bild stehen. Häufig finden sich zeitgenössische Bezüge, deren Beachtung das Wesen der Rezeption (Gespräch von Tradition und Gegenwart) offenlegen: Bilder bilden nicht ab, sondern interpretieren. Aufgabe 3 verlangt die Unterscheidung und Zusammenschau der Ebenen: Tritt Esther Maria in die Hiob-Rolle ein oder ist eher ihr Bruder derjenige, der das tut? Auf dieser Ebene sprechen wir über das physische und psychische Leiden. Hier bietet sich an, die Figuren aus der Hiobschrift zu vergleichen mit Figuren aus der Darstellung *„Gott braucht dich nicht"*, damit sind „Figuren im Innern der Autorin" mitgemeint. Oder sprechen wir über die theologische „Bewältigung" des Problems? Dann befinden wir uns auf der Ebene der Literatur bzw. des Zeugnisses. Hier diskutieren wir über die Dokumente. *Überzeugt* die Hiobdarstellung, über*zeugt* die Kreuzestheologie des NT, über*zeugt* das Ende des Magnis-Buches?

	Form	Strukturelement		Thema
Prolog 1,1–2,13	**Prosa:** Erzählung	**Situation Hiobs:** 1. Glück in Gottesfurcht 3. Schicksalswende: Leiden 5. Demut	**Gegenspieler:** 2. Prüfung (Satan/Gott) 4. Verfluchungsratschlag (Frau) 6. Besuch (Freunde)	**These Satans:** Nur der ist fromm, dem es gut geht. **Gegenthese Gottes:** Hiob wird jeder Prüfung standhalten. Damit ist Satans Behauptung widerlegt.
Hauptteil 3,1–42,6	**Verdichtung:** Klagerede Hiobs (3) Drei Redegänge (4,1–31,40) Lied der Weisheit (28) Schlussrede Hiobs (29–31) Zwischenspiel Elihu (32–37) Zwei Gottesreden (38,1–41,26) Zwei Antworten Hiobs (40,3–40,5; 42,1–42,6)	7. Klage 9. Anklage 11. Prozessbitte 13. Einlenken	8. Verteidigungsrede (Freunde) 10. Beschuldigung (Freunde) 12. Schöpfungsrevue (Gott)	**These der Freunde:** Es besteht ein Tun-Ergehen-Zusammenhang. Gott hält sich an die Spielregeln menschlicher Moral. **Gegenthese Hiobs:** Schon *ein* unschuldig Leidender widerlegt den Tun-Ergehen-Zusammenhang. Dennoch muss Gott ein „moralischer Gott" sein. Unschuldiges Leiden muss ein fehlerhaftes Versehen im Schöpfungsplan sein. Darauf aufmerksam gemacht, wird Gott die Gerechtigkeit wieder einsetzen.
Epilog 42,7–17	**Prosa:** Erzählung	15. Schicksalswende: Glück	14. Rechtfertigung Hiobs (Gott)	**Synthesen:** Hiob besteht die Prüfung. Seine Fragen, Klagen und Zweifel werden von Gott bestätigt als „recht reden von Gott". Hiob und die Freunde haben unrecht. Gott steht außerhalb des Tun-Ergehen-Zusammenhangs. Er ist frei und schöpfungsmächtig. Doch dieses Geheimnis ermöglicht Leben.

Georg Langenhorst (Hg.): Hiobs Schrei in die Gegenwart. Ein literarisches Lesebuch zur Frage nach Gott im Leid. Ostfildern: Matthias Grünewald Verlag, 1995, S. 21

Als Abschluss der Auseinandersetzung mit dem Hiobstoff, die zugleich auch einen Abschluss der Beschäftigung mit „*Gott braucht dich nicht*" darstellen kann, eignet sich eine diskursive Form des Rückblicks, die eine umfassende inhaltliche Vorbereitung sowie eine **Stellungnahme** umfasst (Aufgabe 5).

Kreuzesabbildungen – verstörend?

Die kleine Lena lässt sich gern von ihrer Oma durch die Gegend fahren. Nur wenn sie über den Friedhof kommt, wird sie unruhig. Überdimensional hängt dort ein Mann am Kreuz, angenagelt und mit einem Dornenkranz auf dem Kopf. Lena fürchtet sich. Eines Tages fragt sie die Großmutter, was es mit der Darstellung auf sich hat.

1. Schlüpfen Sie in die Rolle der Großmutter und antworten Sie der Dreijährigen.
2. Sammeln Sie Kreuzesabbildungen und vergleichen Sie deren Gestaltung.

Christus und das Waschbecken

Seit einiger Zeit läuft – vor allem in der rheinischen Kirche – die Debatte, ob es denn eigentlich richtig sei, dass Jesus, den Christen den „Christus" nennen, am Kreuz „für uns" gestorben ist, wie es die christliche Tradition sagt; oder ob es sich vielmehr um einen dummen Zufall handelt, dass die Botschaft dieses Menschen die Gemüter im alten Palästina so erhitzte, dass er schließlich völlig sinnlos am Kreuz sterben musste.

Ich hatte mich zu einer Diskussionsrunde nach Bad Godesberg aufgemacht, um zu hören, was das Podium und besonders der frühere Superintendent Burkhard Müller zu sagen hatten. Leider war das Ergebnis sehr ernüchternd. Der Abend endete damit, dass Herr Müller auf die Frage, was er sich als Symbol für das Christentum statt des Kreuzes wünsche, sagte: „Ein Waschbecken! Für die Fußwaschung. Damit ist alles gesagt." Die Fußwaschung als Zeichen gegenseitiger Zuwendung. Ja, so kann man das sagen: Damit ist alles gesagt.

Nun lese ich an einem sonnigen Samstag die aktuelle Ausgabe von Chrismon und stolpere gleich zweimal über rheinische Theologen, die meinen, man müsse sich jetzt endlich von dieser so gestrigen Sache mit dem Kreuz abwenden und zu einer „Frömmigkeit des dritten Jahrtausends" übergehen. Ja, TV-Pfarrer Jürgen Fliege meint sogar, dass seine Sünden der produktive Misthaufen seines Lebens seien, woraus ja auch etwas Gutes erwachsen könne, und dass er sie auf jeden Fall behalten und nicht etwa abgeben wolle.

Und da sitze ich an meinem unaufgeräumten Schreibtisch und überlege, wie wohl das Christentum im dritten Jahrtausend aussehen könnte. Architektonisch müsste man in den Kirchen natürlich einiges verändern. Einen Altar bräuchte es dann nicht mehr. Den könnte man zugunsten eines sehr bunten, Freude ausstrahlenden Waschbeckens ersetzen. Viel besser wäre eigentlich ein Whirlpool, um dem neuen Christentum durch Hervorheben des Wellness-Charakters zu mehr Zulauf zu verhelfen. Sicher würde sich auch auf einer Empore oder in der Sakristei noch ein Plätzchen für Bruder Flieges Misthaufen finden, den könnten die Kindergottesdienstkinder dann immer schön harken und gießen, bis etwas Schönes draus wächst.

Aber im Ernst: Ich stelle mir die Frage, wie es wohl aussieht mit der Kirche. Ob die Gläubigen wissen, worum es eigentlich geht? Dieses Evangelium, von dem immer alle reden – was soll das eigentlich sein?

Steve Henkel: Publik-Forum, Nr. 15, 2010, S. 33

1. *Geben Sie die Grundzüge des Textes mit eigenen Worten wieder. Stellen Sie dabei einen Bezug zum vorhergehenden Arbeitsblatt her.*

2. *Führen Sie den Text weiter, indem Sie das Kreuz Christi als „Evangelium" beschreiben.*

Esther Maria Magnis: Die Wirklichkeit Gottes im Feuerkreis

Johannes raste seit diesem Tag auf einmal mit einer Geschwindigkeit im Glauben voran, dass wir es nicht mehr kapierten. Ein Freund erzählte mir später, Johannes habe ihm auf die Frage hin, woher sein Glaube kam, von dem Moment im Keller erzählt, wo er Gott angeschrien und dann gebetet habe. Da sei Gott auf einmal da gewesen. Dagegen habe er sich nicht wehren können.

Das wusste ich damals aber noch nicht.

Johannes war nun oft über Tage hinweg still, und als ich es nicht mehr aushielt und anfing zu heulen und ihm sagte, dass ich es nicht ertrage, nicht zu wissen, wie es ihm geht, dass er immer so schweigt, da sagte er zu mir: „Mir geht's gut, Esther. Ich brauch viel Zeit. Ich bete eigentlich immer."

Und wenn er vor Schmerzen schrie und ich Panik bekam, daran meinen Glauben zu verlieren, und ihn dann beten hörte, in einer Weise, die ich nicht wiedergeben kann, dann verstand ich, dass ich nichts verstanden hatte. Dass Gott viel größer war als mein Hoffen, als das, was ich je über ihn sagen könnte, und dass ich keine Ahnung hatte, wie nahe Gott einem Menschen wirklich sein konnte.

Und es war in diesen Momenten von Johannes' Schmerzattacken, als ich anfing, meinem Gott dafür zu danken, dass er sich von den Menschen hat foltern lassen. Dass er selber geschrien hatte. Denn wäre das nicht so gewesen, ich hätte nicht mehr mit ihm sprechen können. Ich hätte vielleicht irgendwie höflich weiter an ihn geglaubt. Aber ich hätte auch gedacht: „Komm erst mal runter aus deinem Himmel. Leide erst mal, bevor du von uns den Glauben verlangst" – jetzt konnte ich das nicht mehr sagen.

Gott hatte schon gelitten, und so, wie Johannes mit ihm sprach, wirkte es, als geschehe es jetzt gerade, als wiche ER keinen Zentimeter von dem Kind, das er liebte, als ließe er ihn nicht eine Sekunde aus den Augen, als hätte er sich vorgenommen, die ganze Zeit ununterbrochen nicht eine Sekunde eher seine Qual am Kreuz aufzulösen, als sie bei diesem jungen Mann, der da im Bett lag, andauerte. ER blieb und blieb und blieb. Und zwischendurch wandt Johannes sein Gesicht und sah ihn an – und für diese Momente, für diese Begegnungen habe ich keine Worte.

[…]

Und eines Nachmittags rannte ich auf die Terrasse, auf den Schnee, und sagte zu Gott:

„Mach keinen Scheiß. Das schaff ich nicht, Herr. Ich verlier meinen Glauben. Wenn du Johannes sterben lässt, dann verlier ich meinen Glauben. Ich weiß, du bist da. Ich weiß, du bist da. Mach, was du willst, ich will dir nicht drohen, ich will dir dienen, ich gehöre dir, Johannes gehört dir, aber ich weiß, ich verlier den Glauben, wenn Johannes stirbt. Das schaff ich nicht. Nicht Johannes. Bitte nicht. Nicht meinen Bruder. Du kannst alles von mir haben. Nimm meinen ganzen Glauben, zerschlag mir die Welt. Nicht Johannes." Und was dann geschah, war, dass mein Glaube wuchs. Damit habe ich nichts zu tun. Der gehörte nicht mehr mir. Der kam einfach zurück und wuchs und wuchs und schlug aus, und ich raffte überhaupt nichts mehr. Seitdem kann ich nicht mehr sagen, warum ich an Gott glaube. Es ist kein Akt von mir.

Zu Johannes ging ich einmal und weinte und sagte, dass ich Angst habe, dass er stirbt. Er nahm meine Hand, lächelte mich an und sagte: „Fürchte dich nicht, Esther. Glaube nur. Das ist alles."

„Ich hab dich lieb", heulte ich. „Ich dich auch", sagte er, „weißte eh."

Ich verstand nicht, woher dieser Glaube von Johannes auf einmal kam. Es war kein ängstliches Krallen an Strohhalme – es ging um Krebs, um Leben und Tod, da halten Strohhalme nicht. Ich kannte meinen Bruder. Und selbst dieses Fremde, dieser tiefe Glaube, den er auf einmal ausstrahlte, dieser Ernst seiner Gebete und diese Klarheit in seinen Blicken, seine Schönheit, seine Einfachheit vor Gott, sein Erwachsensein und seine Ruhe, das alles war neu, aber letztendlich nichts anderes als ein Wiedererkennen. Den hatte ich geliebt. Und das, was in Liebe kurz aufblitzt, war nun die ganze Zeit anwesend und sichtbar. Er war auf dem Grund seiner selbst vor Gott. Er war vollkommen präsent. Sein ganzes Wesen war da, er antwortete damit. Es brauchte keinen liebenden Blick mehr, um meinen Bruder sehen zu können.

Es schneite, es ging auf Weihnachten zu. Wir mussten nicht mal schweigen in den Tagen. In der Stille zwischen den Sätzen lag ein einfacher, ständiger Ton – „Ich bin da" – und wir verloren unsere Angst.

Es schneite. Die Stadt wurde stiller. Johannes, Mama, Steffi und ich warteten. Es schneite so, dass das Stromnetz ausfiel. Wir zündeten Kerzen an, beteten, und wenn wir aufhörten zu beten, blieb Gott in den Zimmern. Nie in meinem Leben war ich so auf dem Grund der Wirklichkeit angekommen wie damals, nie war es härter und dichter, niemals zuvor erlebte ich so eine Erlösung in allem, was war, wenn draußen der Sturm tobte und wir still beisammensaßen und das Gefühl hatten, etwas überstanden zu haben und nur nicht wussten, wie das Ende aussah, aber es konnte keinen Schrecken mehr haben, und jeder von uns hatte etwas Überraschtes im Gesicht. Ein Staunen.

Wer so sehr die Gegenwart Gottes gespürt hat auf dem härtesten Boden, dort, wo es sich am wenigsten leben lässt, wo die Angst wie tausend Asseln kleine Löcher und Lücken sucht, um in einen einzudringen, wer einmal in diesem Feuerkreis, den Gott um einen ziehen kann, gelebt hat, dort, wo jeder anderen Macht der Zutritt verboten wird, der hat keine Worte mehr für Gott. Für den ist Gott wirklicher als ein Stein. Der kann phasenweise nicht mehr diskutieren über die Existenz Gottes, weil es absurd erscheint.

Johannes hatte oft noch Schmerzen. Er nahm kein Morphium, er dämmerte nicht weg. Seine Schmerzblocker schlugen nur mittelgut an. Es war alles ganz real. Die Räume wurden nicht rosa, und er bekam auch keinen Heiligenschein. Aber, was wir alle erlebten, und nur so kann ich es mir erklären, warum wir irgendwann nicht mehr für ein Wunder beteten, sondern nur noch für Gottes Willen, war, dass die Ordnung der Welt dauerhaft aufgehoben war. Wir sahen und hörten, wie der Krebs um sein Recht kämpfte, wie er seinen Wirklichkeitsanspruch gefälligst beachtet haben wollte.

Wir erlebten, dass Freunde von uns verständlicherweise für die Ordnung dieser Welt kämpften, indem sie kamen, um uns zu trösten, um Johannes noch mal Mut zu machen, dass er kämpfen solle, um ihn etwas aufzuheitern, ihn in die Welt zu holen, und Geschichtchen erzählten, um ihn als gesunden Menschen aufzubauen, und sie stießen auf eine verkehrte Welt. Auf die Welt, in der Johannes sie tröstete. Und sagte, er wolle anstatt zu plaudern lieber beten, und sie müssten keine Angst haben.

Die Ordnung der Welt war aufgehoben. Die neue, von Gott gegeben, hatte eine Hierarchie, in der der Krebs ganz unten war. Und er schrie und tobte und heulte. So sehr, dass Johannes irgendwann zu ihm sagte: „Du kannst jetzt gehen. Ich hab alles gelernt, aber du kannst jetzt einfach gehen."

Eine Hierarchie war das, in der unsere Wünsche und unser Wille ganz klar da waren, ganz klar zählten, aber wir hielten sie auf einmal nicht mehr so hoch. Wir waren Könige in diesen Zeiten des Glücks, die sich in jenen Tagen vom Frühstück bis zum Abendbrot und in die Nacht hinein zogen. Nackte Könige, die ihre Reiche verloren hatten, und kein plauderndes Wort drang mehr an unser Ohr, niemand, der uns die neue Ordnung erklärte, aber wir glaubten ihr. Weil sie zu den Wahrheiten dieser Welt gehört.

„Nur noch Gott", schrieb ich in mein Tagebuch.

Esther Maria Magnis, Gott braucht dich nicht, Reinbek bei Hamburg, Rowohlt 2012, S. 230–235

---

1. Arbeiten Sie mit dem Text:
- Erzählen Sie den Text nach.
- Deuten Sie die Metapher des „Feuerkreises".
- Erläutern Sie die Bedeutung der Vorstellungen von Kreuz, Erlösung, Glaube im Sinne der Autorin.
- Wählen Sie eine Kreuzesdarstellung aus, die zum Berichteten passt.

2. Lassen Sie den von Ihnen verfassten Text (Arbeitsblatt 30) von Esther Maria Magnis „durchkorrigieren".

3. Erörtern Sie unter Bezug auf den vorliegenden Text: Ist Religion machbar? Gibt es Christen erster und zweiter Klasse?

Das Hiob-Projekt

Hiob gilt in der abendländischen Geschichte als das Urbild des ungerechtfertigter Weise leidenden Menschen. Die Gestalt findet sich im Alten Testament im gleichnamigen Buch.
Gott und den Menschen gegenüber ein Vorbild treffen ihn nach und nach schwere Schicksalsschläge. Muss ein Mensch in einer solchen Situation nicht verzweifeln? Muss er nicht den Glauben an Gott verlieren? Oder zeigt sich in der Bewältigung der „Prüfung", was der Mensch vermag, wenn er dem Leiden trotzt?
Theologen, Dichter und Künstler haben sich des zeitlosen Themas angenommen und die mit diesem Stoff verbundenen Fragen und Antworten weitergesponnen. Das Hiob-Projekt lädt Sie ein, daran mitzuwirken.

Albrecht Dürer, Hiob wird von seiner Frau verhöhnt, Jabach Altar linker Flügel außen, um 1500–1503

1. *Arbeit am Text: Lesen Sie im Buch Hiob*
   - *1,1–5.13–22*
   - *1,1–2,10; 42,10–16*
   - *1,1–2,13; Auszüge aus den Reden; 38; 42,1–17*

   Stellen Sie Ihre Beobachtungen in Gruppenarbeit zusammen und entwerfen Sie eine Theorie, wie das Buch Hiob entstanden sein könnte.

2. *Richten Sie eine eigene Ausstellung mit „Variationen des Hiobstoffes" ein. Recherchieren Sie dazu nach literarischen und bildnerischen Darstellungen.*

3. *Stellen Sie Bezüge her zwischen dem Hiobstoff und der „Verarbeitung" des Stoffes in der Bibel sowie in Esther Maria Magnis' „Zeugnis".*

4. *Ist der Hiobstoff ein Lebens- oder Menschheitsthema? Oder stellt er eine unnötige Komplikation für das Verständnis von Welt und Mensch dar?*
   Initiieren Sie eine Podiumsdiskussion: Wählen Sie einen prägnanten Titel. Verteilen Sie sinnvolle Sprecherrollen. Entwerfen Sie einen griffigen Einladungsflyer.